Playing The School Curriculum

학교교육과정을 플레이하다

강민진·권루미·안장수·이지혜·조회련 지음 | 진인 그림

박영story

우리 학교의 교육과정은 어떤 모습일까?

교육과정은 교사가 학생을 가르치고 배우는 것의 또 다른 표현이다. 교육과정을 한다는 것은 수업을 한다는 것과 같은 말이며, 하루하루의 수업이 모여 우리 학교의 교육과정이 된다. 하지만 한 차시 수업, 교실 속 개별 행위에 집중하다 보면 우리가 함께 만들어가야 할 전체 그림을 놓치기 쉽다. 그래서 우리는 학교교육과정에 학생들의 연속된 삶을 담아내고자 한다.

학교교육과정은 항상 현재 진행형이다. 지금, 여기에서 일어나는 일에 관심을 가지고 참여해야 하는 이유는 그것이 바로 우리의 이야기이기 때문이다. 학교교육과정에 우리의 삶과 이야기가 담길 때 학교의 주인이자 삶의 주체로 설 수 있다.

이 책은 그동안 학교교육과정을 하며 겪어왔던 시행착오와 질문, 성찰과 고민을 담아내려 노력한 결과물이다. 학교교육과정을 하는 동안 어려움에 부딪혔을 때, 혹은 갈피를 잡지 못하고 헤맬 때 함께 고민하고 방법을 찾아가는 동료가 있어 힘을 낼 수 있었다. 이 책이 학교교육과정을 하고자 하는 사람들에게 또다른 동료가 되길 바란다.

학교교육과정의 '플레이'를 눌러 문서에서 벗어나 살아있는 교육과정을 시작해보자.

CONTENTS
차례

PART 01

우리 학교의 문제를
발견하다

학교교육과정의 새로운 길 함께 결정하기

CHAPTER 01
문제 꺼내기

학교교육과정에 문제가 산적해 있더라도 문제를 꺼내고 드러내야 그것이 정말 문제인지 아닌지 판단할 수 있다. 가볍게 여겼던 사안에 우리 학교의 민감하고 어려운 문제가 담겨있음을 발견할 수도 있고 어렵게 꺼낸 문제가 공동체 논의에 의해 생각보다 쉽게 풀릴 수도 있다. 따라서 일단 꺼내보는 것이 필요하다. 우리가 이러한 시각으로 접근할 때 그 문제는 학교교육과정 논의를 더욱 풍성하고 분명하게 해줄 자원으로 변화한다.

학교교육과정에서 문제를 꺼내는 구성원은 이를 개선하고 싶다는 의지로 문제를 드러낸다. 그러나 기대와 달리 학교에서는 여러 복잡한 요인들로 인해 그것을 해결할 수 없는 경우도 있다. 이때 구성원은 문제를 꺼냈지만 '아무런 해결도 하지 못하고, 불편감만 조성한 것이 아닌가!' 하는 부담을 느낄 수 있다. 혹은 '역시 해결도 안 될 텐데 괜히 문제만 제기했어!'라는 후회를 하기도 한다. 이런 일이 반복되면 문제 꺼내기는 점차 어려워진다. 이러한 어려움을 넘어서기 위해 학교는 안전하게 문제를 제기하고 그것을 다룰 수 있는 시스템을 구축해야 한다.

핵심포인트

1. 문제 떠올리기
2. 문제 꺼내기의 어려움 넘기

언제 할까?

- 학교교육과정 속 문제 상황이 계속되고 있을 때
- 학교교육과정에서 발견한 문제를 해결하고자 할 때
- 학교교육과정을 개선하고 싶은데 어떻게 시작해야 할지 고민될 때

Q1

학교교육과정의 문제 어떻게 드러낼까?

A1

알고 있지만 누구도 말하지 않는 문제를 찾아라

학교에는 드러내기 민감한 주제가 있다. 이것들은 지금 드러내지 않으면 앞으로도 학교교육과정 프로세스를 가로막는 장애가 될 가능성이 크다. 모두가 알고 있지만 드러내길 꺼려하는 문제를 누군가는 먼저 제시하여 안내해야 한다. 이를 바탕으로 구성원 모두가 우리 학교의 민감한 문제를 적극적으로 찾고 드러낼 수 있도록 서로 독려한다. 구성원의 시도에 감사 표현을 하고 격려로 용기를 북돋는다.

인사 배정 원칙

실제 인사 배정

A2

모두 발언할 수 있는 구조를 만들어라

　전체 구성원이 함께 교육과정을 논의하는 정례화된 다모임이 필요하다. 문제가 있을 때만 이야기를 나누는 것이 오히려 문제일 수 있다. 다모임에서 나누는 일상적인 대화 속에 교육과정 이야기가 담겨있다. 정기적으로 진행되는 다모임에서 구성원은 심리적 장벽을 낮추고 자신의 생각을 편안하게 드러낼 수 있게 된다. 이러한 다모임을 통해 모두 발언할 수 있는 구조가 형성되고 그곳에서 학교교육과정의 문제가 자연스럽게 드러난다.

Q2
문제 꺼내기의 어려움, 어떻게 넘어설까?

어려움 1

문제를 제기했다가 내가 다 책임져야 하면 어떻게 하나?

> 말한 사람이 제일 잘 안다고?
> 같이 해결책을 찾아보자는 의미였는데…

넘어서기 1

문제를 안전하게 제안할 수 있는 환경 만들기

- 익명 보장 등 제안자 보호하기
- 제안자가 모든 것을 떠안는 구조가 되지 않도록 논의가 완료된 후 적임자를 찾기
- 문제의 원인, 문제 관련 이해관계, 감당할 위험, 해야 할 역할에 대해 다 함께 솔직하게 이야기하기

문제는 나와 관련이 없다?

나와 관련 있는 문제가 아니니
피하고 싶다!

문제가 공동에게 미칠 영향을 인식할 기회 마련하기

- 그 문제에 관해 같이 이야기 나누기
- 문제에 관심을 가지지 않을 때 발생할 수 있는 결과를 함께 예측하기
- 개인과 학교 전체에 미치는 영향을 생각해 볼 수 있는 질문을 던지고 내용을 공유하기

그 문제는 해결 불가능하다고 단정 짓는다면?

완벽한 해결이 아니면 의미 없어!

한계를 인정하되 가능성을 발견하기

- 다양한 창의적 해결책 제시하기
- 비난과 편견 없이 의견 나누기
- 작은 시도로 바꿀 수 있는 부분 찾기
- 우리의 한계와 가능성을 점검할 수 있도록 과거의 문제와 해결 과정의 기록을 투명하게 공유하기

어려움 4

문제 자체를 부정하거나 충분히 해결된 것이라고 하면?

[지금이 안정적이고 좋아!]

넘어서기 4

변화 안에서 이루어지는 새로운 경험에 주목하기

- 이전과 다른 내용과 방법을 시도하고 거기서 긍정적 변화 발견하기
- 제3자의 시선으로 우리 안에 있는 무의식적 관행, 굳어져 버린 시스템을 찾도록 객관적 관찰자를 초대하거나 직접 되어보기

어려움 5

어차피 말해봤자 바뀌는 게 없으니 문제를 꺼내지 않겠다고 하면?

[말해도 소용없어!]

넘어서기 5

다루지 못한 문제에 대한 이해의 과정 가지기

- 이 과정 자체가 모두의 의견을 귀 기울여 듣는 노력임을 수용하기
- 제기된 문제를 모두 해결할 수 없음을 인정하기
- 지금 해결할 수 없는 이유와 이후 과정에 대해 상세히 안내하기
- 현시점에 그것이 왜 반영될 수 없는지 타당하고 납득 가능하게 설명하기

다모임이나 회의에서 암묵적으로 정해진 소수만 발언하고 있다면?

그런 자리에서 말하는 사람은 정해져 있어!

구성원 모두가 목소리를 낼 수 있는 1인 1발언 구조 만들기

- 다른 사람들이 발언하지 않는 이유 살피기
- 조직의 의사소통 구조가 경직되어 있는 이유를 찾고 해결책 탐색을 위해 질문하고 답하기

어차피 형식적인 해결방안만 나올 것이라 단정 지으면?

문화, 제도, 관리자 문제지. 쉽게 바꾸기 어렵잖아!

현시점의 실천 가능한 해결방안 찾기

- 실제 문제 해결의 의지가 있는지 살피기
- 개인의 문제와 구조적 문제 구별하기
- 문제와 해결방안을 개발, 연구, 실천하는 공동체를 만들어 운영하기

해결방법 찾기

학교교육과정의 문제를 꺼냈다고 하여 모든 것을 한꺼번에 해결할 수는 없다. 문제의 해결은 학교의 다양한 상황과 여러 요인들에 의해 한계를 가진다. 학교는 이러한 한계를 인정하고 선택과 집중을 통해 문제를 초점화하고 이를 해결하기 위한 방법을 찾아야 한다. 이 과정에서 구성원은 학교교육과정이 향하는 방향을 확인하고 현재 우리 학교의 가장 중요한 문제가 무엇인지 결정한다.

학교는 문제가 드러나면 그것을 얼른 해결하고자 급급한 경우가 많다. 그러나 지금 여기의 문제 이면에 있는 근본적인 원인을 해결하지 않고 미봉책으로 꿰매놓기만 하면 다시 그 문제가 터져 나올 가능성이 높다. 따라서 보다 근원적인 해결을 위한 학교 차원의 구조적인 접근이 필요하다.

핵심포인트

1. 우선순위 정하기
2. 해결방법 찾기

언제 할까?

- 더 중요한 문제에 집중하고자 할 때
- 문제의 원인을 찾아 해결하고 싶을 때
- 문제를 근본적으로 해결하고 싶을 때

A1

꺼낸 문제의 우선순위를 정하라

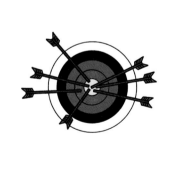

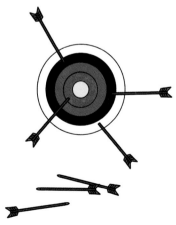

꺼낸 문제를 실행가능성과 중요도를 기준으로 배열한다. 구성원이 집중해야 할 문제는 중요하면서도 실행가능성이 높은 것이다. 동일한 문제라도 각 학교마다 중요하게 여기는 정도와 실행력은 다르다. 구성원이 한 자리에 모여 우리 학교 문제 해결의 실행가능성과 중요도를 함께 논의하고 합의하는 것이 중요하다.

Q1

우리는 어떤 문제에 집중해야 할까?

중요도를 판단하는 핵심 질문

- 학교 비전 달성에 더 중요한 문제는 무엇인가?
- 교육과정 전반에 영향력이 더 큰 문제는 무엇인가?
- 당해 연도에 더 시급하게 해결해야 할 문제는 무엇인가?

실행가능성을 판단하는 핵심 질문

- 우리 학교가 변화를 감수할 수 있는 문제는 무엇인가?
- 구성원이 문제 해결에 의지와 역량을 가진 문제는 무엇인가?
- 우리 학교 환경과 자원을 활용하여 해결 가능한 문제는 무엇인가?

문제의 우선순위 결정 시 적정한 합의 방법

- 중요도와 실행가능성을 판단할 수 있도록 충분히 설명하고 질의응답하는 시간 마련하기
- 각 구성원의 투표(예: 1인당 중요도 1표, 실행가능성 1표 행사)를 통한 의견 수렴하기
- 중요도와 실행가능성의 정도에 따라 우선순위 합의하기

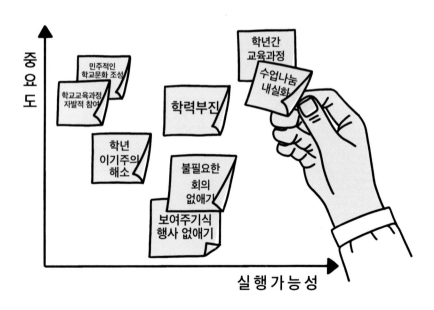

학교 구성원은 스스로 해결할 문제를 결정하며
학교교육과정 개선의 의지를 다진다.

Q2

구체적인 해결방안은 무엇일까?

A1

문제의 근본 원인을 찾아라!

학교교육과정 속 문제는 수면 위로 드러난 상황만 의미하지 않는다. 순환하는 프로세스 중 무언가로부터 방해를 받아 문제로 드러난 것이기에 문제 뒤에 숨겨진 인과구조와 시스템을 살펴 근원적인 해결을 도모할 필요가 있다.

인과고리로 문제 발생의 복잡한 인과관계를 직관적으로 파악할 수 있도록 시각화한다. 또는 발견한 문제에 질문을 던지며 근본원인이 무엇인지 톺아볼 수 있다. 이는 단순히 관련 상황만 보는 것을 넘어 그 현상을 발생시킨 잠재된 원인들이 상호작용하는 구조를 찾을 수 있도록 돕는다.

> 이 문제가 그동안 해결되지 않았던 원인은 무엇인가?

> 문제를 발생하게 한 구조는 무엇인가?

> 문제와 관련한 사람들의 신념, 문화, 관행은 무엇인가?

인과 고리 그리기

1. 원의 바깥쪽 한 점에 문제 상황을 간략하게 서술하기
2. 문제 상황으로 인해 발생하게 될 결과적 상황을 화살표로 이어가며 원의 둘레에 서술하기
3. 결과의 결과를 계속 이어가며 작성하기
4. 결과가 또 다른 원인이 되어 문제 발생의 순환을 반복하는 고리 그려보기
5. 그중 근본 원인은 무엇일지 찾아보기

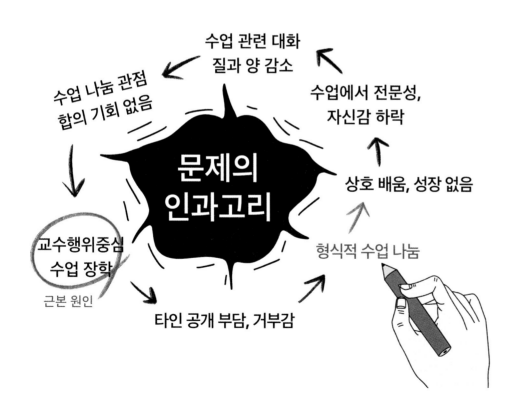

우리 학교의 문제 상황을
인과 고리로 나타낸다.
그곳에서 찾을 수 있는
근본 원인은 무엇인가?

방법 2

문제 톺아보기

1. 구체적으로 어떤 문제일지 파악하기 위해 문제 상황을 초점화하여 서술한다.
2. 각 문장의 의미에 대해 "왜?"라고 질문하며 3번 이상 구체화한다.
3. 비슷한 의미가 반복되어도 3단계 이상 숙의하는 과정 자체가 중요하다.

what. 문제는 무엇인가?

→ 형식적 수업 나눔

문제 톺아보기1. 왜 발생하는가?

→ 학생의 성장과 배움이 배제된 교수자 중심의 관례적 장학

문제 톺아보기2. 왜 발생하는가?

→ 수업 나눔의 목적에 대한 진지한 고민과 합의 없이 의무적으로 이루어짐

문제 톺아보기3. 왜 발생하는가?

→ 수업 나눔에서 의미 있는 성찰을 경험하지 못함

Q2

구체적인 해결방안은
무엇일까?

학교 문제를 시스템으로 해결하라

찾은 근본 원인을 소수 개인의 노력과 힘이 아닌 학교 공동체 집단의 시스템으로 해결한다. 개인적인 수준에서의 노력에만 기댄다면 문제를 좁은 시각으로 바라보게 되어 작은 범위의 변화에 그치기 쉽다.

전 구성원이 학교교육과정 문제를 함께 해결해 나갈 때 효과가 장기적으로 유지되고 의미 있는 성장을 이룰 수 있으며 학교와 개인 모두의 발전에 기여한다.

문제 해결을 위한
시스템을 구축하고 동력을 불어넣자

CHAPTER 02 해결방법 찾기   23

학교 구성원 전체의
참여 시스템 만들기

- 문제 관련 정보 공유 플랫폼 활용하기
- 문제 해결을 위한 학습공동체 참여하기
- 발견한 문제를 다루는 정기적인 다모임 실시하기
- 문제와 관련한 분야별(주제별) 실행 위원회 참여하기

〈우리 학교 문제, 우리가 해결해요!〉

문제 해결을 위한
교육과정 지원팀 구축하기

문제 해결을 위한 교육과정 지원팀의 역할

- 교육과정의 다양한 문제 상황을 중재, 조정, 해결하기
- 문제 해결에 필요한 다양한 자원을 연결하는 허브로서 지원하기
- 교육과정 속 문제를 일상적, 장기적으로 다룰 수 있는 안정적 지원 체계 마련하기
- 문제 해결 과정을 추적하여 구성원과 지속적으로 공유하고 피드백으로 상호작용하기
- 문제 해결에서 학교교육과정의 목적을 상기하고 전체 맥락을 고려하여 방향을 조정하는 역할하기

교육과정에서 문제 해결을 점검하는 질문

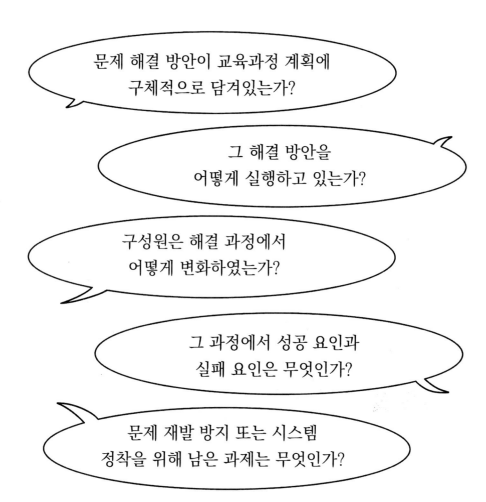

문제 해결 방안이 교육과정 계획에
구체적으로 담겨있는가?

그 해결 방안을
어떻게 실행하고 있는가?

구성원은 해결 과정에서
어떻게 변화하였는가?

그 과정에서 성공 요인과
실패 요인은 무엇인가?

문제 재발 방지 또는 시스템
정착을 위해 남은 과제는 무엇인가?

CHAPTER 03

적정한 합의하기

적정한 합의는 양보하고 타협하고 물러서고 나아가는 끊임없는 조정의 과정이다. 학교의 다양한 구성원은 서로 다른 관점과 가치를 가지고 중요 사안을 논의하며 결정한다. 이런 상황에서 합의에 이르는 것은 쉬운 일이 아니기에 이에 맞는 기술과 전략이 필요하다.

문제 해결을 위해 구성원은 다양한 아이디어를 제안하며 창의적인 의견을 다각도로 검토한다. 점검한 의견 중 우선순위를 결정하고 해결방안을 선택하는 과정에서 의견이 팽팽하게 대립하기도 한다. 이때 치열히 토의하되 의견을 수렴하는 기술을 통해 적정한 합의에 이르는 과정이 필요하다. 구성원이 한 자리에 모여 자신의 생각을 직접 펼치고 모으는 경험은 앞으로 함께 실행할 학교교육과정의 중요한 토대가 되며 필수 역량으로 자리 잡게 된다.

Q1

적정한 합의를 위한 확산적 논의 방법은 무엇일까?

A1

아이디어의 창의적 재구성 <새로운 질문을 던져라!>

1. 아이디어의 재구성, 관점 전환의 필요성을 공감한다.
2. 학교교육과정의 논의 상황을 새롭게 볼 수 있는 질문을 떠올려 본다.
3. 질문을 던지고 답하며 관점의 전환과 환기를 시도한다.

새로운 질문은 이럴 때!

- 계속 같은 의견의 반복이나 제자리걸음으로 나아가기 어려울 때
- 고정관념, 선입견을 알아차리고 걷어내어 새로운 관점으로 논의하고 싶을 때
- 논의의 본질과 핵심에 다가가고자 할 때

→ 생각해 볼 수 있는 질문 목록

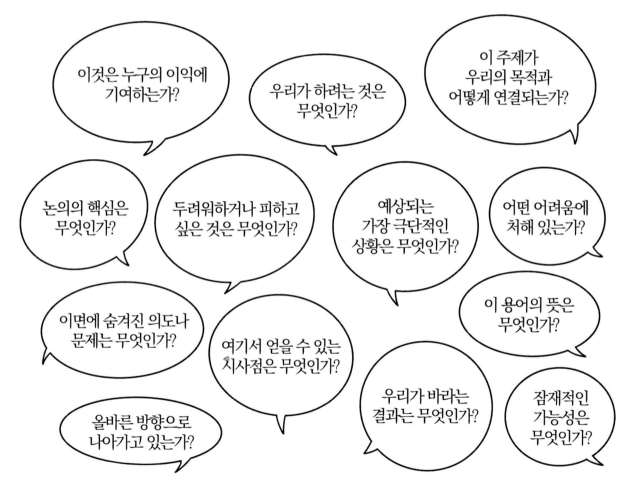

다양한 입장 고려하기 <내가 OO라면?>

◉ 각자의 입장을 고수하려는 힘이 강력할 때

◉ 문제와 해결방안에 영향을 받는 관련자의 입장을 들어보고 싶을 때

◉ 다양한 관련자의 이해관계를 면밀하게 조사하여 의견을 반영하고 싶을 때

1. 해결방안과 연결된 관련자 목록을 구성한다.

   예) 관리자, 담임교사, 담당자, 부장, 학생, 학부모 등

2. 해결방안에 대해 각 관련자의 생각이나 의견을 예측해본다.

3. 가장 어려움을 겪거나 부정적인 상황에 놓일 사람의 의견을 살핀다.

4. 왜 그런 상황이 발생할 것으로 예상되었는지 원인을 찾는다.

5. 그 이해관계자의 어려움이나 예상한 부정적인 상황을 보완할 수 있는 방법이 있는지 논의한다.

6. 보완할 수 있는 방법이 없다면 선택한 해결방안을 재고해본다.

Q2

적정한 합의를 위한 수렴적 논의 방법은 무엇일까?

결과를 인정하는 〈논의 종결 방법 정하기〉❶

- 논의를 어떻게 종결해야 할지 모를 때
- 절차에 따라 논의를 마치는 작업이 필요할 때
- 구성원이 결정을 수용하고 실행하도록 힘을 싣고자 할 때

우리 학교는 어떤 논의 종결 방법을 선택할 수 있을까?

- 논의를 종결할지 지속할지 투표
- 책임자가 논의의 종결 여부 결정
- 1인 1발언 후 종결
- 한 가지 주제로 좁혀 논의 후 종결
- 논의 종결 후 추가 논의를 다른 회의에 위임
- 연장 기간 설정

❶ 민주적 결정방법론. 샘 케이너 외, 구기욱 옮김, KOOFABOOKS(2017)

모든 사람의 동의를 추구하는 <동의단계자>❷

◉ 학교교육과정 전반과 학교 구성원 전체에 영향을 미치는 중요한 사안을 결정할 때
◉ 구성원의 의견과 요구를 담은 결정으로 최대의 동의를 이끌어내고자 할 때
◉ 구성원이 논의를 지속하겠다는 의지를 보이고 그에 따른 충분한 시간적 여유가 있을 때

1. 논의했던 제안을 종이에 적는다.
2. 모든 사람이 제안을 잘 이해했는지 확인한다.
3. 제안의 문구를 최종적으로 수정한다.
4. 제안 아래에 '동의단계자'를 그린다.
5. 각 단계의 정의를 확인한다.
6. 그룹에게 물어본다. "이 제안에 대하여 여러분은 어떤 위치에 있나요?"
7. 스티커 등을 활용하여 모든 사람의 위치를 동의단계자에 표시한다.

   ⚠ 이 과정은 결정투표가 아니라 조사투표일 뿐이다.

8. 단계자의 분포 경향에 따라 논의, 문제와 제안 재정의, 결정 등을 한다.
9. 종결 시간을 제시하되 충분히 논의할 시간을 확보한다. 논의 중 자신의 동의 단계를 조정할 수 있다.

   종결 시간이 되면 각각의 동의 정도는 다르더라도 최종적으로 결정한다.

---

❷ 민주적 결정방법론. 샘 케이너 외, 구기욱 옮김, KOOFABOOKS(2017)

> # 제안: 학년 연계를 위해 학년 통합 창제 동아리를 구성하자.

✔ 동의단계자

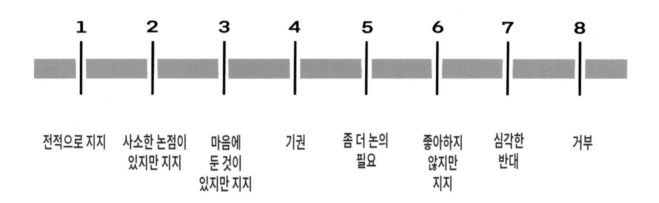

1	2	3	4	5	6	7	8
전적으로 지지	사소한 논점이 있지만 지지	마음에 둔 것이 있지만 지지	기권	좀 더 논의 필요	좋아하지 않지만 지지	심각한 반대	거부

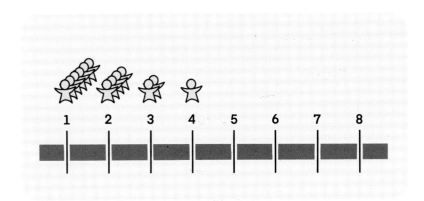

① **열정적 지지:** 많은 구성원의 적극적 동의를 얻은 상태로 결정이 가능하다.

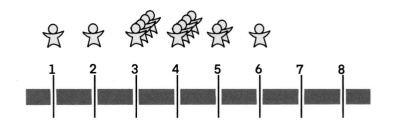

② **미온적 지지:** 심각한 반대가 없는 상황으로, 결정은 가능하지만 추후 더 많은 구성원의 동기와 노력을 높일 수 있는 방법을 논의하는 것이 필요하다.

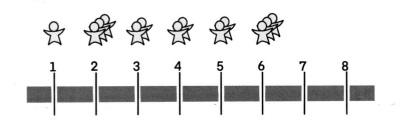

③ **모호한 지지:** 단계자 전체에 의견이 고루 분포되어 있는 상태로 문제를 재정의하거나 제안을 재검토해야 한다.

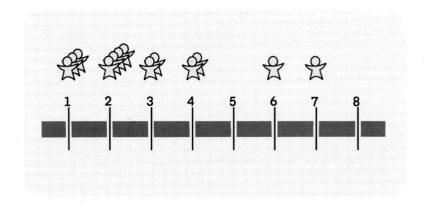

④ **이탈이 있는 다수의 지지:** 소수의 심각한 반대가 있는 경우, 지지의 수준을 높일 수 있는 방안을 전체 구성원에게 묻고 논의와 타협을 진행한다.

PART 02

학교교육과정을
계획하다

한자리에 모여 1년을 함께 세우기

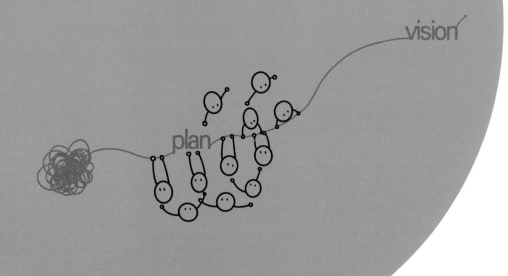

CHAPTER 01
리더십 공유하기

학교에서 리더십을 공유한다는 것은 구성원이 공동의 목표를 달성하기 위해 자발적으로 서로에게 영향을 미치는 것을 말한다. 이는 교육과정을 계획하고 실행하는 과정 전반에 걸쳐 필요하다. 구성원은 서로에게 리더인 동시에 팔로워가 됨으로써 영향력을 주고받는다. 그때 얻을 수 있는 추진력은 공식적인 리더 몇 명이 이끄는 힘보다 훨씬 강하며 지치지 않고 끈기 있게 나아갈 수 있는 원동력이 된다.

강력한 리더를 선호하는 사람들은 상황을 관망하면서 일의 신속한 추진에 만족하기도 한다. 하지만 이러한 경우 나머지 교사들의 재능은 미개발 상태로 남겨지게 된다. 강력한 리더가 떠났을 때 그들이 진두지휘하고 있었던 프로그램은 추진력을 잃기도 하며 학교가 가지고 있던 고유의 문화가 흔들리게 될 수도 있다. 따라서 실행의 주체인 구성원 모두가 자신의 삶과 목소리를 담아 계획하고 이를 실행하는 공유리더십을 발휘해야 한다.

핵심포인트

1. 교육과정 주인 찾기

2. 모두의 회의 만들기

3. 교사를 움직이는 원동력 확인하기

언제 할까?

- 계획의 실현 가능성을 높이고자 할 때
- 구성원 모두가 참여하는 학교교육과정을 만들고자 할 때
- 교육과정 운영 전반에서 모든 구성원의 자발성과 주도성을 높이고자 할 때

Q1

교육과정을 계획하고 이끌어가는 사람은 누구인가?

알아서 다 해주는 리더교사

- 능력 있는 부장이라면 내가 다 계획하고 만들어 내야지.
- 이전에 해보고 검증된 활동만 다시 해야지.

함께 나누는 리더교사

- 시간이 걸리더라도 구성원의 생각을 들어봐야 해.
- 선생님들은 어디에 관심이 있을까?
- 구성원이 동의하는 게 가장 중요해.

수동적인 교사

- 부장님이 교육과정에 대해 제일 잘 아시지.
- 부장님이 시키는 대로 잘해야지.

참여하는 교사

- 나도 도움이 될 수 있을 것 같은데…
- 내가 낸 아이디어가 좋다니, 다른 아이디어도 또 내볼까?

모두가 리더로 행동하라

A부터 Z까지 알아서 해주는 리더 교사와의 만남은 행복하다. 그렇게 편안하게 1년을 보내고 나면 나에게는 무엇이 남을까? '저 사람이 전문가' 혹은 '리더'라고 생각하는 순간 나는 손을 놓게 된다. '저 사람'의 판단을 기다리면서 나의 생각회로는 끊어지게 되는 것이다. 보통의 경우, 리더 교사가 학년의 모든 일을 계획하고 할 일을 배분하면 교사들은 이를 따른다. 이러한 패턴은 은연중에 교사들이 자기 자신을 '지시받는 사람', 리더 교사를 '앞에서 진두지휘하는 사람'이라고 생각하게 하여 교육과정을 계획하고 실행하는 데 있어서 수동적인 입장을 취하게 만든다.

우리는 동료 교사들과 함께 교육과정을 계획하면서 스스로 변화의 기회를 맞이할 수 있다. 교육과정을 읽고 해석할 수 있는 교육과정 문해력을 기르며 이를 토대로 학생들에게 적합한 형태로 재구성하는 과정을 통해서 수업의 질 자체를 높일 수 있을 뿐만 아니라 수업에 대한 자신감과 자부심을 높일 수 있게 된다. 또한 그 속에서 다양한 리더십도 경험하게 된다. 교육과정의 주제와 목적에 따라 공동체 안에서 리더가 변화하거나 중첩되는 경험을 통해 교사들은 잠재되어 있던 그들의 능력을 발휘하며 서로의 성장을 도울 수 있다.

리더가 되는 과정에서 성별, 교직경력, 보직
유무 등은 그리 중요하지 않다.
아이디어를 제시하는 사람,
그 아이디어에 공감하고 자신의 의견을 덧붙여 보완하는 사람,
아이디어를 구체화하여 실행에 옮길 수 있도록 하는 사람 모두가 리더이다.

Q2

모두의 회의
어떻게 만들 수 있을까?

열혈 청취자

\<회의 시간\>

2시간 내내

다른 사람 이야기 듣고 있기

VS

열혈 참여자

\<회의 시간\>

2시간 내내

대화하기

심리적 안전감을 높여라

회의의 사전적 의미는 2명 이상이 모여서 어떤 안건을 의논·교섭하는 행위이다. 교직원 회의를 한번 생각해보자. 회의의 정의와는 다르게 실상은 몇몇 사람들만이 말할 뿐 대부분은 침묵하는 경우가 많다. 이는 자신의 의견이나 생각이 타인에 의해 부정적인 평가를 받을 수 있다는 두려움 때문이다. 또는 자신의 의견이 무시되거나 특별한 이유 없이 받아들여지지 않는 무기력감을 경험했을 경우 침묵하기도 한다.

교직원 회의에서 구성원이 자신의 생각을 이야기하는 데 편안함을 느낄 때 우리는 진정 그들이 하고자 하는 이야기를 들을 수 있다. 어떤 의견을 내더라도 비난하거나 비웃지 않기, 대화 독점하지 않기, 공적인 발언과 감정의 경계 명확히 하기, 실수를 감추기보다 나눌 수 있는 기회로 활용하기 등 합의된 교직원 회의 규칙은 심리적 안전감을 높여 참여도와 적극성을 이끌어낼 수 있다. 즉 심리적 안전감이 보장되어야만 회의는 침묵의 늪에서 빠져나올 수 있다.

A2

회의 운영에 유연성을 발휘하라

회의에서 영향력이 큰 사람이 먼저 발언권을 가질 경우, 그 뒤에 발언하게 되는 사람은 앞선 사람의 의견에 영향을 받을 수밖에 없다. 교직원 회의에서 관리자가 먼저 의견을 내세우는 경우나 학년 회의에서 공식적인 리더 교사가 먼저 발언할 때에도 동일한 상황이 발생한다. 그렇기 때문에 의도적으로 다른 사람들의 의견을 먼저 듣고 관리자(혹은 리더 교사)가 가장 나중에 발언하여 영향력을 최소화할 수 있다.

'유', '레', '카'라는 글자가 모여 '유레카'라는 단어를 만들 수 있다. 먼저 발언한 사람이나 관리자(혹은 리더 교사)의 발언에 영향을 받아 '유', '우', '요' 같은 유사한 아이디어만 낸다면 새로운 단어를 찾아내기 힘들 것이다.

회의 참여를 촉진하라

　교직원 회의와 비교할 때 학년교육과정을 계획하는 동학년 협의는 참석인원이 적으며 모든 사람이 실행의 주체가 된다. 그렇기 때문에 더더욱 동학년 협의에서 교사들의 발언과 참여는 중요하다고 할 수 있다. 동학년 협의의 과정과 결과에 대한 만족도와 참여도를 높이기 위해서 모든 구성원은 보직의 차이 없이 리더처럼 회의 촉진자로 행동하는 것이 필요하다. 나의 의견을 이야기한 뒤에는 아이디어를 확장시키거나 깊게 생각할 수 있도록 추가적인 질문을 던져 이야기를 풍성하게 만드는 데 도움을 줄 수 있다.

　개개인이 의식적으로 리더십을 발휘하는 행동을 할 때 서로의 참여를 이끌어내고 회의를 더욱 알차게 만들 수 있다. 하지만 더욱 중요한 것은 이를 통해 교사의 주도성과 적극성을 끌어내 내실 있는 교육과정 실행을 하게 되는 것이다.

Q3
교사는 어떻게 리더가 되는가?

역할 부여받기	스스로 역할 부여하기
<올해 특색사업> 이거 한다고 하던데 뭘 어떻게 하는 거야? 그건 나도 몰라. 알려주시겠지.	<올해 특색사업> 이런 것들을 할 수 있다는데 우리 학교에 필요하고 아이들에게 도움 될만한 것이 뭘까?
모르는 게 약! 교육청이나 관리자의 지시에 따라 움직인다.	아는 것이 힘! 학생들에게 필요한 부분을 알고 이를 제공하기 위해 스스로 시작한다.

VS

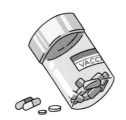

의미 있는 역할을 찾고 실행하라

　학교의 문제를 발견했을 때 이를 해결해나가는 방법 중 하나는 특별 전담팀(TF: Task Force)을 조직하는 것이다. 이때 구성원은 그들의 관심이나 역량을 고려하여 역할을 맡을 수 있다. 예를 들어 결과 중심의 평가가 이루어지고 있어 평가 관점의 전환과 더불어 평가 기준, 방법 등 학교 차원의 새로운 지침이 필요하다고 가정해보자. 평가에 관심이 있는 교사들이 모여 TF를 꾸리고 관련 서적을 함께 탐독하거나 다른 학교의 사례 등을 통해 지속해서 연구하는 시간을 갖는다. 그 후 학교에 맞는 가이드라인을 제시하고 구성원의 동의를 얻어 평가 규정을 완성할 수 있다.

　TF를 통해 우리는 발견된 문제에 대한 고민과 연구의 시간을 충분히 가질 수 있다. 이는 결론을 내는 데 급급해하지 않고 해결해나가는 과정 자체에도 충실할 수 있도록 한다.

　TF를 운영할 때 주의해야 할 점은 이것이 업무가 가중되는 것이 아닌 권한을 이임(empowerment) 받는 과정임을 인식할 수 있도록 하는 것이다. 교육과정의 계획과 실행을 위해 이임 받은 권한을 공유하고 적절히 활용할 때 공동체는 교육과정에 대한 책임과 권한을 동시에 갖게 된다. 이를 위해 개인의 관심사와 역량을 고려하여 TF를 조직한 후 이곳에서 결정된 사항이 실제로 의결될 수 있도록 내규화하는 것이 필요하다.

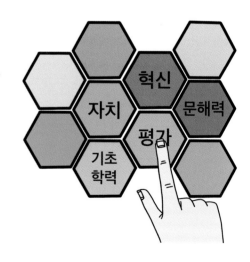

A2

정보를 공유하라

  학교에서 어떤 결정을 내릴 때 효율성만을 생각하다 보면 공식적인 리더들만 정보를 독식하게 된다. 소수의 사람만 정보를 가지고 있을 때 그렇지 않은 대다수 구성원은 소외감이나 불만을 느끼게 되고 이러한 불투명성은 학교에서의 소통을 가로막으며 서로에 대한 신뢰를 떨어뜨릴 수 있다.

  개인의 사생활을 침해할 만한 민감한 정보가 아니라면 정보는 자연스럽게 흐르도록 해야 한다. 구성원은 이렇게 공유되는 정보를 통해 학교에서 진행되고 있는 일과 진행 과정, 필요한 자원, 현재 지니고 있는 한계나 문제에 대해 인지하게 된다. 이러한 과정은 서로에게 신뢰감을 줄 수 있으며 문제를 해결해 나가기 위해서 서로의 도움이 필요하다는 메시지를 주어 구성원이 행동에 나서게 하는 동인이 될 수 있다.

  정보 공유에 대한 가이드라인은 다모임을 통해 정할 필요가 있다. 정보를 공유하는 방식이나 기준을 구성원과 함께 협의한다. 행정적인 부분이나 이미 모두가 알고 있는 교직원 협의 결과 등은 서면으로 공유하며 수업과 관련 있는 부분이나 구성원이 꼭 인지하고 있어야 할 부분은 구두로도 안내할 수 있다.

  이렇듯 정보 공유가 일상화되어 모든 구성원이 학교의 전체적인 상황을 파악할 때 너와 나를 구분 짓지 않고 우리 모두의 일로 여기고 참여하는 주체로 선다.

CHAPTER 02

학교 비전 구하기

학교 비전은 공동체가 도달하고자 하는 궁극적 목표이다. 비전은 학교교육과정을 실행하는 학교 구성원에 의해 만들어지고 공유되어 내면화될 때 그 역할을 제대로 할 수 있다. 학교 비전이 소수의 의견이 아닌 모든 구성원이 추구하는 공동의 가치를 담고 있을 때 우리는 교육과정의 주체로 설 수 있으며 이를 지속하는 힘을 얻을 수 있다.

이렇게 만들어진 학교 비전은 구성원에게 동기를 부여할 뿐만 아니라 학교교육과정을 계획하고 실행하는 데 중요한 기준점으로 작용한다. 공동의 가치를 담고 있는 비전으로부터 도출된 학교교육과정은 구성원이 밀접하게 연결되어 있음을 확인시켜주며 우리가 가고자 하는 방향을 잃지 않고 나아갈 수 있도록 한다.

핵심포인트

1. 공동체의 가치를 담은 학교 비전 만들기
2. 학교 비전 공유하기
3. 교육과정 안에서 비전 구현하기

언제 할까?

- 학교의 비전이 유명무실할 때
- 구성원 사이에 구심점이 필요할 때
- 전입해 온 구성원이 합류하여 새로운 시작이 필요할 때

Q1

살아있는 학교 비전, 어떻게 만들까?

VISION

이번에 새로 교장 선생님이 부임하면서 정보부장인 A교사는 학교 홈페이지를 새롭게 단장하고 있다. 종전의 홈페이지에 학교 비전과 목표가 제시되어 있었는데 언제 만들어졌는지, 누구에 의해 만들어졌는지 알 수 없다. 하지만 이미 만들어져 있는 것이고 학교에서 나가는 공문에도 머리말로 쓰고 있으니 수정하지 않고 이대로 쓰는 것이 좋겠다. 그런데 아무도 거들떠보지 않는 학교 비전과 목표는 도대체 왜 필요한 걸까?

A1

비전에 공동의 가치를 담아라

학교 홈페이지, 교무실 한켠,
교육계획서 속 혹은 학교 건물 외관에
장식처럼 볼 수 있는 학교 비전?

현실에서 학교 비전은 문자 이상의
역할을 하지 못하고 있으며
구성원들에게 의미를 갖지 못하고
존재는 하지만
유명무실한 경우가 많음

학교장 혹은 부장교사 등
소수의 교사가 일방적으로 정한
학교 비전?

실행의 주체인 학교 구성원이 직접 참여하여
비전을 만들 때 비로소 비전은 살아있는 존재가 될 수 있다.

학교 비전을 이루는 구성 요소들을 유기적으로 연결하라

학교에 따라 학교 비전은 비전, 미션, 학교 목표, 구성원상, 핵심가치, 원칙 등 다양한 단어들을 사용하여 나타내고 있다. 이 글에서는 중복되는 의미를 가진 용어들을 제외하고 비전−핵심가치−구성원상(학생상, 교사상, 학부모상)을 학교 비전❸을 구성하는 요소들로 제시하고자 한다.

비전은 공동체가 궁극적으로 달성해야 할 모습을 나타내기 때문에 공동체가 추구하는 가치를 포괄적으로 담을 수 있어야 한다. 또한 각 요소들 간 연결성이 드러날 때 학교 비전은 훨씬 명확해질 수 있다.

예를 들어 '자발적'이라는 가치를 핵심가치로 가지고 있는 학교라면 '자신의 삶의 문제를 스스로 해결하는 사람'이라는 학생상으로 자연스럽게 연결될 때 지향하는 바를 정확히 전달할 수 있다. 그렇기 때문에 각 학교에 맞게 그 학교의 지향점을 가장 잘 나타낼 수 있는 요소들이 유기적으로 연결될 수 있도록 비전을 세운다.

---

❸ 기업이나 고등교육 분야에서 사용하는 콜린스−포라스 기본틀(Jim & Collins, 1995)을 바탕으로 학교 현장에 맞게 변형하여 서술함.

A3

공동의 가치를 담은 비전을 만들어라

  현재 학교 비전을 분석해보고 공동의 가치를 담은 비전을 만들어보자. 학생, 학부모, 교직원 등 구성원별 핵심가치를 찾아본 후 구성원상으로 구체화하고 이를 포괄할 수 있는 학교 비전을 세워보자.

우리학교 비전 분석하기

▣ 우리 학교 비전 써보기

학교 비전을 이루고 있는 용어 (학교마다 다를 수 있다)	내용
예) 학교 비전	
예) 학교 미션	
예) 구성원상	

- ◉ 찾을 수 있는 핵심가치는?
- ◉ 핵심가치가 구성원상으로 구체화되었는가?
- ◉ 학교 비전은 핵심가치를 아우르고 있으며 구성원들이 바라는 이상적인 모습을 담아 포괄적으로 서술되어 있는가?

내가 생각하는 구성원별 핵심가치와 구성원상 생각해보기

	구성원별 핵심가치	구성원상
학생	예) 공감, 성장, 건강, 나눔	예) 나누는 기쁨을 아는 학생
교사	예) 공감, 협력, 성장, 전문성	예) 학생들과 함께 성장하는 교사
학부모	예) 공감, 협력, 성장, 신뢰	예) 교사와 학생을 신뢰하는 학부모

3 핵심가치들을 포괄할 수 있는 학교 비전 만들기

공통적으로 추구하는 핵심가치	예) 성장, 협력, 배움이 공통적으로 추구하는 핵심가치이다.
학교 비전	예) 성장, 협력, 배움이라는 핵심가치들을 포괄할 수 있는 '함께 성장하는 배움공동체'라고 학교 비전을 만들어 볼 수 있다.

Q2

학교의 비전은 어떻게 공유해야 하는가?

이전 학교는
이랬었는데...

B교사는 20년 가까운 교직경력과 다수의 부장경력을 가지고 있으며 올해 새로운 학교로 전입했다. 이전 학교에서는 맡은 업무만 잘하고 우리 반 학생들만 잘 가르치고 지도하면 되었다. 하지만 이곳에서는 학년 학생들의 문제나 학교 전체의 문제를 다 함께 해결하는 경우도 있어 시간이 너무 오래 걸린다. 또한 회의 시간에 교사 간 의견이 충돌하는 것을 지켜봐야 하는 것과 자신의 의사를 표현해야 하는 것도 곤혹스러운 일 중의 하나이다.

새로운 구성원과 함께하라

　공립학교 교직원들은 일정 기간이 지나면 학교를 옮기고 그와 동시에 자연스럽게 그 자리는 새로운 교직원들로 채워지게 된다. 학교 비전은 구성원이 궁극적으로 추구하는 가치를 담고 있다. 이것이 학교교육과정을 계획하고 실행하는 데 중심적인 역할을 한다는 것을 상기시켜볼 때 새로운 구성원들과의 비전 공유는 꼭 필요하다.

　학교는 새로운 구성원을 위해 오리엔테이션 자리를 마련하거나 「학교 사용설명서」, 「슬기로운 OO생활」 등의 책자를 발간·배부함으로써 비전을 포함하여 학교와 관련된 전반적인 사항을 공유할 수 있다.

A2

비전의 의미와 맥락을 나눠라

새로 합류한 구성원과 학교의 전반적인 사항을 공유할 때 이를 단순히 안내하고 전달하는 데 그쳐서는 안 된다. 기존 구성원은 비전을 만드는 과정에 참여하고 고민하였기 때문에 어떠한 가치가 중심에 있는지, 그 비전의 연장선으로 학교교육과정이 어떻게 접목될지 큰 그림이 그려진다. 하지만 새로운 구성원의 경우 만들어가는 과정 없이 기존에 만들어진 것을 그대로 전달받는다면 일방적인 지시처럼 느껴질 수 있으며 갈등이 시작되기도 한다.

비전이 담고 있는 핵심가치 중의 하나가 '소통'이라고 가정해보자. 구성원은 소통하는 학교 문화를 만들기 위해 다양한 방법을 강구할 것이다. 구성원이 주체가 되어 논의하고 결정을 내릴 수 있는 회의를 운영하거나 관리자와의 의사소통 구조를 개선하고 학생 혹은 학부모와의 소통 창구를 늘리는 방안을 생각하고 실천할 수도 있다.

새로운 구성원과 학교가 왜 이러한 시스템을 갖추게 되었는지, 어떤 장점이 있는지, 핵심가치에 대한 구성원의 생각 등에 대해 이야기를 나눠야 할 필요가 있다. 이러한 내용에 대한 공유가 이루어질 때 새로운 구성원은 학교 비전의 맥락과 의미를 이해할 수 있으며 이를 담고 있는 학교교육과정에 적극적으로 참여할 수 있는 동기를 얻게 된다.

학교의 가치를 만나라

학교 비전과 교육 활동에 대한 근본적인 취지와 의미를 나누었다면 함께 정체성을 키울 수 있는 기회를 마련해야 한다.

- 학년교육과정 함께하기
- 학습하는 공동체 등을 통해 생각의 폭과 깊이 넓히기
- TF를 조직하여 우리에게 적합한 방식으로 문제 함께 해결하기
- 공동체가 추구하는 철학이나 인문학적 소양을 키울 수 있는 강의를 듣거나 연수 함께하기

위와 같이 함께하는 꾸준한 배움과 문제 해결의 과정을 통해 하나의 공동체가 될 수 있다. 이러한 과정은 학교 구성원으로서의 정체성을 키울 수 있는 동시에 개인적인 의미를 발견할 수 있도록 하여 학교교육과정의 계획과 실행을 수월하게 한다.

Q3

비전이 학교교육과정 안에서 의미를 가지려면?

C교사는 전입해 온 학교에서 기존의 구성원, 함께 전입해 온 교직원들과 학교 비전이 가진 의미를 해석하고 나누는 과정을 가졌다. 이 과정은 구성원이 중요시하는 가치가 무엇인지, 그들이 어떤 철학을 가지고 교육활동을 하는지에 대한 이해도를 높이는 데 중요한 기회가 되었다.

하지만 이것도 잠시, '그다음은 어떻게 해야 하지?'라는 물음표가 마음에 생겼다.

비전은
교육과정 안에서 구현될 때
힘을 가진다.

　전입해 온 교직원들과 비전을 만들고 의미와 맥락을 나누었다면 다음으로 필요한 것은 비전이 어떻게 학교 교육과정 안에서 의미를 갖고 구현이 될 수 있을지 고민하는 것이다. 비전이 교육과정과 어떻게 연결고리를 갖느냐에 따라 만들어진 비전은 문서상에서 문자로만 남아있을 수도 있다. 반대로 공동체의 행동과 의식을 변화시키고 목표로 나아가게 하는 원동력이 되기도 한다.

　즉 비전 자체에 대한 논의도 중요하지만 이를 어떻게 교육과정 안에서 구현해낼 수 있을지에 대해 좀 더 구체적인 방법을 구성원과 고민하고 논의해 보아야 할 것이다.

A1

학년미션과 연결하라

학교의 비전과 그것이 담고 있는 핵심가치를 중심으로 각 학년의 학년미션을 정한다. 비전과 학년미션을 연결했을 때 실제 교육과정에서 비전이 펼쳐질 수 있게 된다. 또한 학교 전체의 목표를 기준으로 삼음으로써 자연스럽게 학년 간 교육과정의 연계성을 가지게 되며 단계적으로 배움의 폭과 깊이가 확장될 수 있도록 돕는다.

비전   학년 미션

의사결정의 기준으로 삼아라

다양한 가치와 정체성을 가진 구성원의 만남으로 이루어진 학교는 여러 의사결정 상황에 놓이게 된다. 개인적 의사결정과 다르게 집단의 의사결정은 복잡하거나 파급력이 커 합의에 도달하기 쉽지 않다. 하지만 의사결정에 앞서 공동의 기준이 있다면 상황은 달라질 수 있다.

학교교육과정 성찰의 시간을 통해 기존에 해오던 교육활동의 신설, 축소나 폐지를 결정하는 상황을 가정해보자. 우리 학교가 추구하는 핵심가치가 무엇인지, 학생들에게 진정으로 필요한 교육적 활동은 무엇인지를 되짚어갈 때 선택과 집중은 수월해진다.

즉 구성원 간 의견충돌 등으로 의사결정이 답보상태에 놓이게 되었을 때 공동체의 핵심가치에 대한 지속적인 확인은 다양한 선택의 중요도를 결정하는 데 도움이 된다.

CHAPTER 03

학교교육과정 이야기 만들기

학생들은 학교 안에서 자신만의 삶의 이야기를 만들어간다. 학생들의 삶 속에서 의미 있는 배움이 일어나기 위해서는 이 과정이 하나의 연속적인 이야기로 쓰여야 한다. 그러나 우리는 매년 담임이 바뀌는 교육 상황, 교사마다 다른 교육철학, 분절적인 소통 등을 이유로 학생의 삶을 하나의 이야기로 그려가지 못한다.

우리 학교의 상황과 특성을 고려하면서 교육이 하나의 맥락에서 펼쳐질 수 있는 방법을 고민해야 한다. 교사는 협력하고 서로의 생각을 조율하며 교육과정을 설계하는 것이 필요하다. 이렇게 만들어진 교육과정은 우리 학교의 구성원들이 만들어가는 학교 고유의 빛깔이자 삶의 맥락이 담긴 이야기가 된다.

우리 학교의 학교교육과정 이야기를 만든다는 것은 학생 자신의 삶의 공간과 그곳에서 만나는 사람들과의 관계를 고려한 학생 삶 전체를 다루는 것이다. 이는 실생활에 전이 가능한 목표를 중심으로 교육과정을 설계하는 것으로부터 출발할 수 있다.

핵심포인트

1. 학년미션 만들기
2. 흐름 만들기
3. 배움 연결하기

언제 할까?

- 학년교육과정을 맥락 있게 설계하고자 할 때
- 흐름과 위계가 있는 학교교육과정을 설계하고 싶을 때
- 학년 간 연결을 통해 학생들의 배움을 확장하고자 할 때

Q1

학년교육과정에서
학교 비전을
실현할 수 있을까?

A1

학년미션을 만들어라

학년미션은 1년 동안 학생들이 도달해야 하는 목표를 의미한다. 학년미션을 정할 때 교사들은 학교 비전의 의미를 해석하고 공유한다. 또한 학년에서 다루어야 할 국가교육과정의 내용, 해당 학년 학생들의 특성, 교사 관심사 및 역량, 교육관, 지역사회 환경적 특성 등과 같은 학생을 둘러싼 다양한 요인들을 살펴본다. 학년미션은 학년이 1년 동안 방향을 잃지 않고 나아갈 수 있는 이정표가 된다.

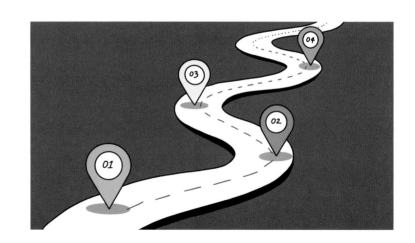

학교 비전 해석

- 비전 속 핵심 키워드의 사전적 의미 찾기
- 구성원 각자가 생각하는 비전 의미 나누기
- 학교 비전을 학년 수준에서 해석해보기

A교사

더불어 살아가는 것은 사전적 의미로
둘 이상의 사람이 함께 살아가는 것을 의미해요.

B교사

저는 참다운 삶에 대해 찾아봤는데
거짓이나 꾸밈없이 진실하고 올바른 삶을
참다운 삶이라고 하네요.
그래서 저는 타인과 세상에 긍정적인 영향력을
끼치는 삶을 참다운 삶이라 생각해요.

C교사

자기중심적인 사고에서 벗어나 타인과의 관계를
중요시하는 **5학년**의 특성을 고려했을 때
타인과 협력할 수 있는 사람이 되는 것이
우리 학년 학생들에게 중요하다고 생각해요.

해당 학년의 국가수준 교육과정 내용 분석

1. 모든 교과의 영역, 일반화된 지식, 내용 요소, 성취기준, 기능 살펴보기

2. 살펴본 내용의 핵심단어 추출하기

3. 일반화된 지식을 학년에 맞게 해석하기

⚠ 일반화된 지식은 해당 영역의 빅아이디어에 해당하므로 학년에 맞는 교사의 해석이 필요하다.

[키워드 추출예시]

핵심개념	일반화된 지식	교과서 단원명	성취기준	내용요소	기능
전란과 조선 후기 사회의 변동	임진왜란과 병자호란을 거친 조선은 새로운 사회로 변화되었다.	1. 옛사람들의 삶과 문화 3) 민족 문화를 지켜나간 조선	[6사03-06] 대표적인 유적지(행주산성, 남한산성 등)와 인물들(이순신과 곽재우, 김상헌과 최명길 등)의 활동을 통하여 임진왜란, 병자호란 등과 같은 국가적 위기의 극복 과정을 탐색한다.	• 새로운 사회를 향한 움직임 (영·정조의 정치)	• 역사적 상황 파악하기 • 역사적 사실 탐구하기 • 시대적 배경 이해하기 • 추론하기
		2. 사회의 새로운 변화와 오늘날의 우리 1) 새로운 사회를 향한 움직임	[6사04-01] 영·정조 시기의 개혁 정치와 서민 문화의 발달을 중심으로 조선 후기 사회와 문화의 변화 모습을 탐색한다.		
• 목적에 따른 담화의 유형 • 정보 전달 • 설득 • 친교·정서 표현 • 듣기·말하기와 매체	의사소통의 목적, 상황, 매체 등에 따라 다양한 담화 유형이 있으며, 유형에 따라 듣기와 말하기의 방법이 다르다.	3. 의견을 조정하며 토의해요	[6국01-02] 의견을 제시하고 함께 조정하며 토의한다.	• 토의 [의견조정] • 토론 [절차와 규칙, 근거] • 발표 [매체활용]	맥락 이해하기 독자 분석하기 아이디어 생산하기 글 구성하기 자료·매체 활용하기 표현하기 고쳐쓰기 독자와 교류하기 점검·조정하기
		6. 타당성을 생각하며 토론해요	[6국01-03] 절차와 규칙을 지키고 근거를 제시하며 토론한다.		

- 5학년 내용체계표 일부 -

3 교사의 관심, 역량, 교육철학 확인

학생들이 다양한 미디어를 접하지만, 비판적으로 읽는 눈을 가질 수 있는 기회는 적은 것 같아요. 그래서 비판적으로 텍스트를 읽을 수 있는 문해력을 기르고 싶어요.

저는 학생들이 공동체의식을 갖고 협력하는 것에 관심이 있어요. 또한 학생들이 공동생활에서 발생하는 문제를 스스로 해결하는 능력을 신장시키고 싶습니다.

저는 학생들이 자신의 삶의 주인이 되어 성장하도록 돕는 것이 교육의 가장 중요한 목표 중 하나라고 생각해요. 그래서 교사는 학생들의 성장을 촉진하고 지원하는 역할을 해야 한다고 봐요.

문제가 생겼을 때 선생님이나 부모님에게 해결을 전가하는 경우가 많아요. 그래서 저는 아이들이 이번 학년이 끝나고 나면 자신의 문제를 스스로 해결하려는 모습을 가졌으면 좋겠어요.

우리 학년 선생님들이 생각하는 학년 교육의 방향은 비판적 사고력, 공동체의식, 학생 스스로의 성장 정도가 될 수 있겠네요.

공동의 교육과정으로 인식하기

- 학년에 대한 교사의 기대와 이해 확인하기
- 교육적 관심사와 역량 등 교육활동에 적용할 수 있는 교사의 특성 확인하기
- 생활지도나 학습지도에 대한 교사의 교육관 확인하기
- 확인한 내용들을 바탕으로 학년의 방향성을 나누며 서로의 간극 좁히기

미션을 공유하라

　모든 학년이 학년미션을 개별적으로 설정해서 운영하다 보면 활동이 중복되기도 하고 배움의 위계가 흐트러질 수 있다. 배움의 연속성과 계열화된 학교교육과정 운영을 위해서 구성원들은 한자리에 모여 각 학년의 학년미션을 공유하는 것이 필요하다. 1학년부터 6학년까지 학생의 삶의 맥락을 고려하며 학교 비전을 바탕으로 각 학년미션을 살펴보고 조정해야 한다. 이러한 과정을 통해 교사는 학생들의 연속된 경험을 조망할 수 있게 된다.

학년미션 공유 및 위계 세우기

1. 한자리에 모여 학년미션 만들기

2. 1학년부터 6학년까지 순서대로 만들어진 학년미션과 만드는 과정에서 나눈 이야기 발표하기

3. 타 학년의 발표 내용을 들으며 중복되는 지점을 살펴보고 조정하기

4. 학교 비전을 중심으로 학년미션 간 흐름의 연결성 점검하기

Q2

학년교육과정은
짜임새 있게 펼쳐지는가?

A1

주제의 흐름을 만들어라

학년미션을 바탕으로 교육과정을 설계할 때 각 주제의 연결성을 고려하는 것이 필요하다. 각 주제의 유기적인 연결은 학습의 내용과 범위를 확장시키고 교육과정은 흐름을 가진 이야기가 된다. 이를 통해 학생들은 연속된 배움의 경험으로 폭넓게 성장할 수 있다. 주제 간 연결성을 추구함으로써 학년미션 달성 과정을 점검할 수 있다.

→ 주제 흐름 만들기

1. 학년미션에 도달한다면 어떤 역량을 갖춘 학생으로 성장할지 작성해보기
2. 실제적인 수업에서 다루어야 하는 지식, 기능, 태도로 나누어 살피기
   - 학년미션 만들 때 훑어보았던 영역, 일반화된 지식, 내용 요소, 성취기준, 기능을 세세하게 살피며 핵심단어를 추출한다.
3. 2번에서 찾은 핵심단어 유목화하기
   - 핵심단어 유목화는 세 묶음 내외로 한다.
4. 학년미션으로 향해가는 주제들의 이야기 만들어보기
   - 주제의 흐름은 교사들의 교육적 의도가 담긴 이야기이다. 이야기 만들기는 우리가 학년미션을 향해 나아가는 길을 그려 보는 과정이다. 이것은 정해진 답이 있는 것이 아닌 교사의 전문적 판단에 의해 만들어진다.
5. 이야기를 세 가지 내외로 연결하고 각 주제의 이름 정하기
   - 주제명은 여러 교과가 연결될 수 있는 포괄적인 심상을 담은 문장으로 만든다.

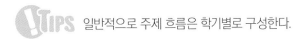 일반적으로 주제 흐름은 학기별로 구성한다.

주제 흐름 만들기의 실제

방법 1

학년미션에 도달한다면 어떤 역량을 갖춘 학생으로 성장할지 작성해보기

학년미션 : 본질에 대해 탐구하며 함께 세상을 살아가다.

- 세상을 보는 다양한 관점을 이해하고 자신의 관점을 가질 수 있다.
- 주변 사람들과 함께 살아가는 삶을 살 수 있다.

학년미션에 도달한다면 우리 아이들은 어떤 행동을 할 수 있을까?

핵심단어 추출하기

내용체계표를 참고하여
학년 미션에 도달하기 위해
중요하게 다루어야 할
지식, 기능, 태도는 무엇일까요?

지식   어휘, 극화, 국토, 헌법, 인권, 역사, 정직, 정의, 약수와 배수, 약분과 통분, 평면도형, 직육면체, 열평형, 태양계, 별, 용해, 동식물의 생활, 생태계, 산성, 염기성, 가족, 성, 악곡의 특징

기능   구어 의사소통, 토의, 발표 내용 정리, 발표, 공감, 요약, 감정표현, 충동조절, 분수의 연산, 평면도형 넓이, 동식물 기르기, 자원관리, 식생활 관리, 운동계획, 필드형 경쟁, 노랫말 바꾸기, 조형 원리

태도   배려, 다양성, 공감, 읽기 습관, 존중, 탐구, 정직, 인권 존중, 자아 존중, 긍정적 태도

핵심단어 유목화하기

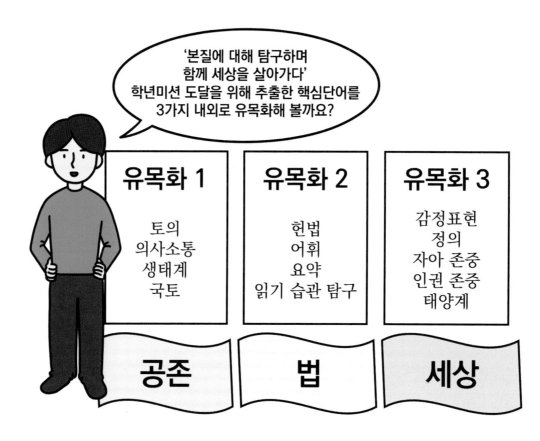

'본질에 대해 탐구하며
함께 세상을 살아가다'
학년미션 도달을 위해 추출한 핵심단어를
3가지 내외로 유목화해 볼까요?

유목화 1

토의
의사소통
생태계
국토

유목화 2

헌법
어휘
요약
읽기 습관 탐구

유목화 3

감정표현
정의
자아 존중
인권 존중
태양계

공존　　　**법**　　　**세상**

⚠ 주제명을 만들기 위해 모든 핵심단어를 유목화할 필요는 없다. 이것은 전체적인 흐름을 만들기 위해 거치는 과정이다.

학년미션으로 향해가는 주제들의 이야기 만들어보기

본질에 대해 탐구하며 함께 세상을 살아가다

유목화 된
핵심단어를 살펴보고
학년미션에 도달하기 위한
흐름을 구성하여
교육과정의 이야기를
만들어 봅시다.

세상을 함께 살아가기 위해서는 학생들을 둘러싼 환경에 대해 알아야 한다. 이는 나와 나를 둘러싼 존재에 대해 이해하는 것이다.

첫 번째 주제에서 나와 다른 존재와의 공존에 대한 필요성을 인식하고 이를 여러 사람들에게 설득하는 과정을 경험한다.

두 번째 주제에서 본질에 대한 이해를 추구하기 위해 현상이나 지식의 여러 측면에 대해 고려해보는 시간을 갖는다. 이때 학생들은 우리 삶의 물리적인 환경을 넘어 헌법을 포함한 나라의 기본 구성 원리에 대해 이해하며 나를 둘러싼 여러 환경에 대해 깊이 있게 생각해보게 된다. 세상을 살아간다는 것은 학습한 것들이 생활에 전이되는 것을 의미하므로 배움의 실천과정도 필요하다.

마지막 주제에서는 그동안 배운 세상에 대한 인식을 기반으로 보다 나은 세상을 만들어가기 위해 가장 기본적인 인간의 권리에 대한 학습과 그러한 권리가 지켜질 수 있는 세상을 만들기 위한 실천과제를 만들어 행동으로 옮겨본다.

방법 5

흐름에 맞는 주제 이름 정하기

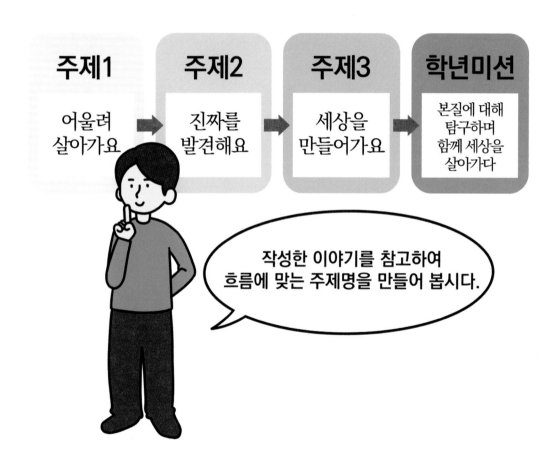

Q3

학생들의 배움은
연결되어 있는가?

다른 학년과 함께하라

　다른 학년과 함께 교육과정을 운영한다는 것은 서로의 삶의 무대를 넘나들며 배움을 함께하는 것이다. 이때 학생들은 실제적인 상황에 놓이게 되고 주어진 과제에 적극적으로 집중할 수 있다. 그 과정에서 학생들은 자신의 교육활동에 도움이 되는 아이디어를 얻거나 앞으로 자신이 경험하게 될 교육활동을 기대한다.

　배움의 연결을 통해 학생들은 더 넓은 시야를 갖게 되고 깊이 있는 학습이 가능해진다. 이 과정은 교사들이 서로 협력하고 유연하게 사고하는 것을 기반으로 이루어진다. 이러한 교육적 실행은 다시 교사들의 실천적 지식으로 환원되어 학교교육과정의 선순환을 낳는다.

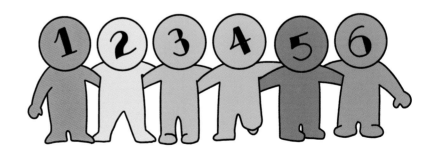

갤러리 워크

갤러리 워크는 교실에 게시하던 결과물을 학교 복도나 담장, 게시판 등 공개된 공간으로 확장하여 자연스럽게 교육과정을 공유하는 방식이다. 학생들은 다른 학년의 활동을 보면서 흥미나 기대를 가질 수 있고, 배움을 넓힐 수 있다. 교사들은 이 과정에서 자신의 교육활동을 성찰하고 새로운 통찰을 얻어 더욱 풍부한 교육과정을 만들 수 있다.

학년 간 교육과정 연계활동

    학년 간 교육과정 연계는 의형제활동, 학교축제 함께 기획하기 등 학년 간 관계 맺음 활동을 꾸준히 실행하여 우리 학년만의 교육과정에 갇히지 않도록 돕는 방법이다. 이때 모든 학년은 서로 영향을 주고받으며 함께 성장할 수 있다. 지속적이면서도 맥락을 고려한 활동을 통해 다른 학년과의 관계 역시 의미 있게 확장된다. 이는 지금 여기에서 함께 살아가는 사람들과의 관계를 넓혀가는 과정이다.

청중으로 초대하기

청중으로 초대하기는 공연이나 바자회처럼 결과물을 보거나 듣는 이가 필요한 교육과정 활동에 다른 학년을 초대하는 방법이다. 이 과정에서 청중을 고려한 학생들은 결과물을 치열하게 준비하고 몰입하여 교육과정의 실재감을 높일 수 있다. 행사에 손님으로서 참여하는 학생들 또한 존중과 환대를 경험하고 그곳에서 열심히 준비한 다른 학년의 모습을 본받을 수 있다.

TIPS 고려해야 할 점

1. 일회성의 행사보다는 지속적인 활동이 되도록 한다.
2. 서로의 연결은 해당 학년 모두에게 도움이 되어야 한다.
3. 학년 간 충분한 협의를 통해 서로가 연결의 주체가 되도록 한다.
4. 교육과정을 공개하는 학년의 활동 목적과 취지를 청중이 되는 학년도 알아야 한다.
5. 학년 간 연결 활동에서 학생들이 교육적 의미를 발견할 수 있어야 한다.
6. 우리 학년 입장을 우선시하기보다 모든 학년의 입장을 고려하는 자세를 가진다.

배움의 공간을 넓혀라

　수업에서 배운 지식은 실제의 삶으로 전이될 때 가치를 가진다. 학생들은 자신이 살아가는 공간에서 더 잘 배우며 학습한 지식을 삶에 전이할 가능성이 높아진다. 교실, 학교, 지역으로 시야를 넓히며 그 공간의 의미를 자신과 연결 지을 때 나를 둘러싸고 있는 것들에 대한 가치를 인식할 수 있다.

　일상의 공간에서 배움을 경험한 학생들은 자연스럽게 삶의 맥락이 확장된다. 매일 지나다니던 등굣길이 안전을 고민하는 공간이 되고 친구들과 함께 놀던 공원이 자연의 가치를 이해하는 도구이자 삶의 터전임을 인식하게 된다. 이러한 과정에서 학생들은 공간 속 자신의 역할을 인식하고 삶의 주체로 성장하게 된다.

배움의 공간 넓히기

배움의 공간을 넓히기 위해서는 학생들의 삶과 연결되어 있는 물리적 공간에 대한 분석과 그 공간에서 살아가는 사람들에 대한 이해가 필요하다. 이를 위해 지역사회에 대한 정보를 수집하고 목록화하며 충분히 논의해야 한다. 이러한 작업은 구성원에게 필요한 인적, 물적자원을 살펴보는 과정이며 이는 교육과정 실행에서 자원을 적재적소에 배치할 수 있도록 돕는다.

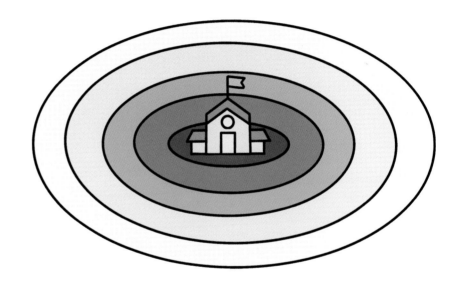

주변 환경에서 교육적 요소를 찾아 써보기

	해보기
생태	예) 하천, 산, 대공원
문화	예) 미술관, 마을도서관, 야외공연장
기관	예) 경찰서, 지역아동센터, 우체국, 소방서
인적자원	예) 마을어른, 청년예술가, 도예가, 학부모, 환경운동가

◉ 학생들이 자주 가거나 지역만의 특색 있는 장소 확인하기
◉ 평소 지역사회 인적자원과의 관계 형성에 관심을 기울이기

분석한 환경 요소 중 교육과정과 연결할 수 있는 장소, 인적자원을 찾아보고 활용방법 써보기

예) 〈지구를 지켜요〉라는 주제에서 하천과 지역환경센터와 연계하여 우리 지역 하천의 생태계를 알아보고 그 하천의 특성에 대해 환경운동가들과 협력하여 이해해 볼 수 있다.

해보기

선택한 환경 요소들이 교육과정 실행의 어느 부분에 연결되어 활용될 수 있는지 써보기

예) 깨끗한 하천을 만들기 위해 우리가 할 수 있는 내용을 알아보고 실천 계획을 세우는 활동으로 이어지면 좋을 것 같다.

해보기

사례 들여다보기

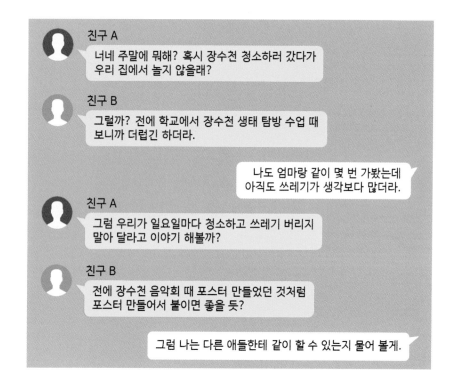

친구 A
너네 주말에 뭐해? 혹시 장수천 청소하러 갔다가 우리 집에서 놀지 않을래?

친구 B
그럴까? 전에 학교에서 장수천 생태 탐방 수업 때 보니까 더럽긴 하더라.

나도 엄마랑 같이 몇 번 가봤는데 아직도 쓰레기가 생각보다 많더라.

친구 A
그럼 우리가 일요일마다 청소하고 쓰레기 버리지 말아 달라고 이야기 해볼까?

친구 B
전에 장수천 음악회 때 포스터 만들었던 것처럼 포스터 만들어서 붙이면 좋을 듯?

그럼 나는 다른 애들한테 같이 할 수 있는지 물어 볼게.

우리 학교에서 적용해보면 어떨까?

CHAPTER 04
하나의 팀 되기

학교교육과정 프로세스의 계획단계에 해당하는 2월은 새로운 구성원이 모여 일 년 살이의 토대를 다지고 한 팀으로 출발하는 시기다. 구성원은 이때 긴장, 두려움, 설렘, 기대 등 다양한 정서를 느낀다. 이러한 감정을 긍정적으로 다루며 공동의 목표를 향해 힘 있게 나아가기 위해서는 좋은 관계를 형성하는 것이 필요하다. 이는 편안하게 자기를 개방하고 의견을 교환할 수 있는 팀워크를 형성해 가는 과정이다.

교육과정 실행의 중요한 포인트 중 하나인 긴밀한 팀 형성이 원활하게 이루어질 때 이후에 발생할 수 있는 갈등과 의견차를 건강하게 다루며 우리가 진짜로 해야 할 일에 집중할 수 있다. 구성원 개개인이 신뢰를 바탕으로 소통하며 한 팀이 될 때 진정한 학교교육과정이 가능하다.

Q1
서로를 이해하는 방법은 무엇일까?

A1
서로의 정보 공유 <낯섦에서 익숙함 찾기>

- 적절한 자기 개방으로 관계 맺기를 시도할 때
- 어색한 분위기를 녹이고 편안한 환경을 만들고자 할 때

아래 질문에 해당하는 사람을
찾아보며 서로에 대해 알아가요.
상대와 눈이 마주치면
웃으며 눈인사를 해주시고
가위바위보 한 판!

이긴 사람이 먼저
질문지를 보여주세요.
질문에 해당하는 칸 안에
이름을 적어 달라고 부탁하세요.
그 다음엔 진 사람의 순서입니다.

헤어질 때 다정하게
손을 흔들어주세요.
모든 칸에는 서로 다른 사람의
이름이 들어가야 해요.
모두가 준비되면 빙고 놀이를
시작하겠습니다!

이번 방학 때 미용실 혹은 이발소에 다녀온 사람	단식 혹은 폭식을 하고 있는 사람	아침 메뉴로 빵을 먹고 온 사람	집에서 반려동물을 기르고 있는 사람(어떤 동물인지 적어주세요)
거실에 TV가 없는 사람	악기 연주를 취미로 하고 있는 사람(악기도 적어주세요)	집에 5개 이상의 식물을 기르고 있는 사람	학교에 오는 것이 미치도록 행복한 사람
나랑 같은 달에 태어난 사람(생일이 몇 월인지 적어주세요)	나랑 같은 계절을 좋아하는 사람(어떤 계절이 좋은지 적어주세요)	나랑 같은 색깔을 좋아하는 사람(어떤 색깔이 좋은지 적어주세요)	동학년에서 막내인 사람
올해 나랑 같은 학년을 가르칠 예정인 사람	학교에 오는 길에 버스를 1번 이상 타고 온 사람	운동과 관련하여 매월 정기적으로 돈을 지불하고 있는 사람	올해는 왠지 작년보다 멋진 날이 펼쳐질 거라 기대하고 있는 사람

학교의 정보 공유 <익숙한 것 낯설게 보기>

누군가에게는 자연스럽고 당연한 것이
새롭게 마주한 사람에게는 낯설고 어렵게 느껴질 수 있다.
기존에 있던 구성원이 우리 학교에 대해
일방적으로 안내하는 것이 아니라
상호작용하며 서로를 이해하는 방법은
무엇일까?

● 우리 학교의 문화를 폭넓게 이해하고자 할 때
● 새롭게 합류한 구성원과 우리 학교의 특성과 문화를 공유하고자 할 때

익숙한 것 낯설게 보기

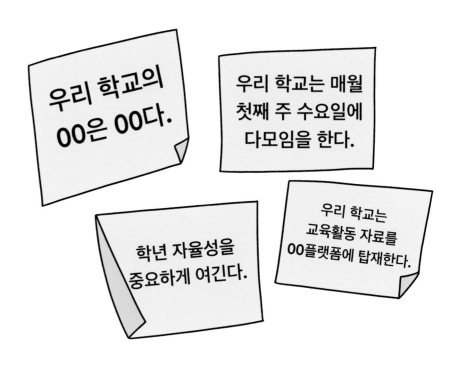

기존 구성원은 잘 알고 있는 우리 학교의 업무 방식이나 문화, 소소한 팁 등 학교와 관련된 전반적인 사항을 새로운 교사들과 서로 묻고 답한다.

1. 기존에 근무한 교사들이 우리 학교의 특징이 드러나는 단어나 짧은 문장을 작성하여 게시한다.
2. 새로 온 교사들이 그중 하나를 골라 질문한다.
3. 해당 내용에 대하여 기존의 교사들이 경험과 느낌, 생각을 중심으로 자세하게 대답한다.

Q2

행복한 학교 생활,
좋은 학교는 어떤 모습일까?

집단의 계획을 현실로
<만다라트 목표달성표>

> 모두가 원하는 목표를 어떻게 실현할 수 있을까?

- 공동의 목표를 향한 실천 방안을 구체적으로 만들고자 할 때
- 전체 목표를 실현하기 위한 여러 방안을 총체적으로 파악하고자 할 때

만다라트(연꽃기법)를 통해 구체적 실천 방안 찾기

1. 가로세로 총 9개 칸의 중심에 우리 집단이 원하는 목표 한 가지를 적는다.
   예) 최종 목표: 즐거운 동학년 만들기, 건강한 학교 생활 하기, 구체적인 목표를 가지고 일 년 살이 계획하기
2. 나머지 여덟 칸에 그것을 이루기 위해 해야 할 일을 쓴다.
3. 여덟 가지 해야 할 일을 다시 중심에 놓고 그것을 하기 위해 필요한 세부적인 실행계획을 작성한다. 최종 목표를 위해 총 64개의 구체적인 방법이 만들어지게 된다.

생일선물				성장	인사	자치	정기적	역할분담	자료공유
	친목	간식가득		학생	복도통행	기록	협의	미리준비
		회식			교우관계		시간엄수	전달이 아니라 협의
서로돕기	청소	아침창문열기	친목	학생	협의	따뜻한 말		
	솔선수범		솔선수범	즐거운 동학년	배려		배려	
			교육과정	학부모	업무			
재구성	문화예술교육		학부모교육	교사편		다 같이	없애기	공유
	교육과정			학부모			업무	적정한 분배

A2

공동체가 함께 꿈꾸는 비전
<우리 학교의 청사진 그리기>

행복한 학교 생활,
좋은 학교는 어떤 모습일까?

"변화는 늘 상상에서 시작된다.
공상과학소설이 과학을 움직인다.
먼저 상상해야 변화가 일어난다.
사회를 변화시키려면
소설픽션을 써야 하는 게 아닐까?"

-방글라데시 그라민 은행 창립자, 무하마드 유누스-

● 확산적 사고로 다양한 가능성을 그려보고자 할 때
● 구성원 전체가 우리 학교의 방향성을 공유하고자 할 때

우리 학교의 청사진 그리기

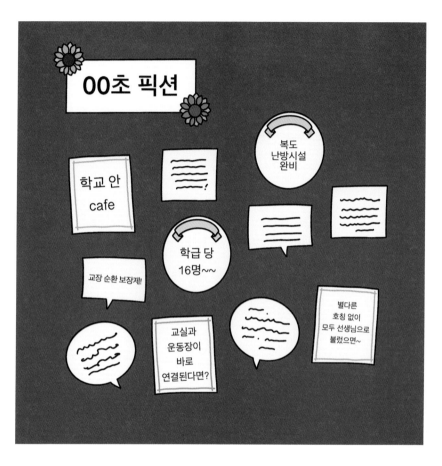

1. 공동체가 함께 꿈꾸는 비전은 언젠가 현실이 된다. 우리 학교의 희망적인 미래를 소설로 만들어 본다.
2. 실현가능성, 중요도 등에 제한을 두지 않고 구성원 각자가 바라는 희망적인 학교의 모습을 자유롭게 창작한다.
3. 각자 작성한 내용을 전체가 공유한다.

PART 03

학교교육과정을
실행하다

학교교육과정 생생한 현장을 살아내기

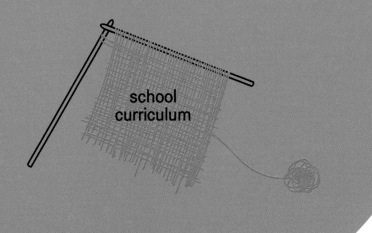

교육과정이 중심인 시스템 만들기

교사에게는 교육과정 설계에서부터 실행, 생활지도와 학급경영 및 행정 업무 등 다양한 역할이 요구된다. 특히 행정적인 업무들을 처리하는 데 적지 않은 시간이 소요되어 학생의 성장을 고민하는 교육적 성찰을 이어가기 어렵다. 따라서 학생의 학습권을 보장하고 교육과정 중심의 학교를 운영하기 위해서는 업무를 적정화하는 것이 필요하다. 교육에 전념할 수 있는 여건을 조성할 수 있도록 업무와 수업 사이에서 선택하게 만드는 기존의 구조를 변화시켜 교육과정이 중심이 되는 학교로 나아가야 한다. 이는 기존의 업무 중심의 학교 운영 체제에서 교육과정 중심의 학교 운영 체제로의 변화를 의미한다. 학교의 구조를 바꾸고 교사의 업무 영역을 새롭게 설정하는 방안으로 교육과정지원팀을 제안한다.

핵심포인트

1. 시스템 만들기
2. 역할 이해하기
3. 어려움 넘어서기

 언제 할까?

- 교육과정에 집중할 수 있는 시스템을 만들고 싶을 때
- 교육과정 중심의 시스템을 유지하고자 할 때

Q1

교육과정에 집중하는 환경을
어떻게 만들 수 있을까?

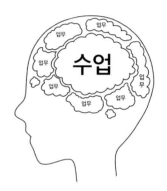

업무를 다른 시각으로 보자

학교에서 행정적 업무의 역량이 직접적인 교육활동보다 더 중요하게 여겨질 때가 있다. 즉각적으로 드러나는 업무의 결과로 외적 보상이나 손실이 주어지고 이것이 학교 문화에 영향을 주게 된다.

이러한 분위기에서는 교사의 능력을 평가하는 기준이 일상의 수업보다 업무 처리 역량이 되기 쉽다. 따라서 교사에게 가장 중요한 일이 무엇인지 고민해 보며 가르치는 것을 업무의 중심으로 여길 수 있는 인식의 변화가 필요하다.

A2

교육과정지원팀을 활용하자

　학교 업무에 대한 인식의 전환을 바탕으로 교육과정 중심의 학교를 운영하기 위해 필요한 시스템이 교육과정지원팀이다. 교육과정을 중심에 두는 학교 시스템은 세세하게 나누어져 있는 업무들을 큰 범주로 묶어 업무의 효율성을 증대시키는 방식으로 운영된다. 교육과정지원팀은 학교 전체에 대해 넓은 시야를 갖고 교육과정과 연결되는 업무들을 중심으로 일을 추진한다. 교사들은 행정 업무에 쏟던 에너지를 교육활동에 집중할 수 있으며 교육과정 운영에 대한 책무성 또한 가지게 된다.

Q2

교육과정지원팀은
어떤 역할을 해야 할까?

교육과정 실행을 지원하고 조정하라

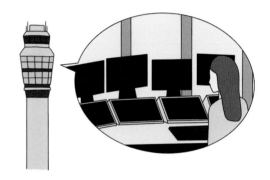

관리자−부장−교사로 이어지는 하향식 의사결정구조는 교육과정 실행에 있어서 교사나 학생의 요구를 반영하기 어렵다. 그러한 의사결정과정은 교육과정에서 구성원을 소외시켰다. 이러한 문제를 극복하기 위해 교육과정지원팀은 학교 구성원이 교육과정의 방향과 내용을 인식하고 논의할 수 있도록 돕는다.

이때 교육과정지원팀은 지속적이고 입체적으로 학년과 교류하며 운영에 필요한 의견, 재화, 환경 등을 살펴 교육과정 실행을 효율적으로 지원하고 조정하는 역할을 한다. 기존 교무실에서 교육과정지원팀으로 변화한 교무실 구성원은 학년에 사업, 행사, 교육과정 등을 일방적으로 전달하지 않고 학년을 지원하는 위치에서 협력자와 조정자의 입장으로 학교교육과정을 다루게 된다.

구성원들의 성찰과 연구를 촉진하라

    학교교육과정을 실행하다 보면 많은 구성원이 꾸준히 관심을 가지고 해결해야 할 문제를 만나게 된다. 이때 학교를 넓은 시야로 조망할 수 있는 교육과정지원팀은 구성원이 장기적인 안목을 가지고 문제를 해결할 수 있도록 돕는다.

    교육과정지원팀은 현재 우리가 처해 있는 상황과 문제를 직시하고 해야 할 것에 대해 질문한다. 이때 답을 제안하기보다 구성원 스스로가 성찰하고 해결책을 찾아가도록 한다. 연구의 과정과 성과를 지속적으로 나눌 수 있도록 다모임, 학습하는 공동체 등의 연구 단위를 체계적으로 지원한다.

Q3

교육과정지원팀의 어려움
어떻게 넘어설까?

구성원 전체가 하던 업무,
팀에서 전부 해낼 수 있을까?

교육과정을 지원하려 했는데
일만 하게 되었군.

넘어서기 1

교육과정을 중심에 두고 업무 배분하기

- 행정 업무를 능동적으로 해석하여 선택과 집중하기
- 교육과정과 관련 있는 업무들은 학년교육과정과 연결하여 운영하기

교육과정지원팀 계속 갈 수 있을까?

교육과정지원팀, 필요해.
그런데 누가 할까?

넘어서기 2

제도적인 지원하기

- 업무량 과부화를 막기 위해 주당 수업시수 조정
- 교육과정지원팀 구성 시 순환보직제도 활용하기

하나의 팀으로 상호보완적 관계 만들기

- 팀의 1년 목표 수립하기
- 교육과정지원팀으로 이루고 싶은 학교의 모습 나누기
- 학교교육과정 방향 공유하고 지속적으로 소통하기
- 교육과정지원팀 내부에서 의논하여 업무 조정하기
- 교육활동에 집중하는 것이 교사의 중요한 업무임을 인식하기

CHAPTER 02
학습하는 공동체 되기

학교교육과정을 실행하는 주체는 한 명 한 명의 교사다. 같은 지향점을 바탕으로 교육계획을 세우지만 모두 다른 모습으로 나타나는 것은 학교교육과정의 의미를 각자 다르게 해석하기 때문이다. 학교교육과정이 일관성을 갖고 실행의 효과를 얻기 위해서는 교사 간 간극을 좁히는 과정이 필수적이다. 이는 교사들의 교육과정에 대한 적극적이고 활발한 해석과 나눔의 과정인 학습하는 공동체를 통해 이루어진다.

학습하는 공동체는 구성원 개인의 전문성과 역량을 바탕으로 협력적인 연구와 실천을 할 수 있게 하는 시스템이다. 개개인의 교육철학, 경험, 기술, 노하우가 공동의 연구와 실천을 통해 교실 속 수업으로 구현된다. 이는 학교교육과정이 펼쳐지는 과정이자 결과이다. 또한 나눔과 소통을 통해 서로에게 기여하는 경험은 동료와의 유대감과 학교 구성원으로서의 소속감을 키운다.

🔍 핵심포인트

1. 공동체 의미 찾기
2. 전문성으로 해결하기
3. 공동연구로 교육과정 더하기

🕐 언제 할까?

- 학교의 철학을 함께 공유하고 수업의 본질을 알아가고 싶을 때
- 집단지성의 힘으로 나아갈 길을 찾고자 할 때
- 개인의 성장과 학교교육과정의 성공을 동시에 이루고 싶을 때

우리 학교의 학습공동체는
어떤 목소리를 내고 있나요?

모일 시간이
부족해

수업에 도움이
됐으면…

필요 없다고
생각해요

장소가
부족해

왜 나 혼자
다 해?

예산 쓰는 일이
너무 번거로워

자발성이
부족해

너무
형식적

왜 같이
하는 거지?

누군가
시작해주었으면
좋겠다

Q1

학교교육과정을 실천하는
학습공동체란 무엇일까?

기존의 학년협의체를 넘어서라

기존의 학년협의체에서는 학교업무, 학교교육과정의 일정 전달이나 수업에 관한 단편적인 고민 나눔 등이 주로 이루어졌다. 반면 학습하는 공동체는 협력하는 교육과정 운영을 위해 무엇을 어떻게 계획하고 실천할 수 있는지 함께 연구하며 논의한다. 부장교사 중심의 일방적인 의사소통에서 벗어나 학년, 혹은 학교 수준에서 고민해야 할 문제점과 방향을 공유하고 해결방안을 함께 모색한다. 각각의 구성원이 교육전문가로서 관련 내용을 학습하며 교육과정을 실천하고 연구한다.

A2
'공동체'의 의미를 찾아라

　의미 있는 공동체가 되기 위해서는 구성원의 필요, 공동의 문제 의식과 목표가 있어야 한다. 학교교육과정을 위해 만나는 여러 모임이 공동체성을 회복하고 전문성을 가진 시스템으로 작용하려면 그에 걸맞은 시간, 공간, 이야기와 사람이 필요하다. 학생과 수업, 삶에 관한 이야기를 나눌 수 있는 학습하는 공동체를 통해 학교는 사람과 사람이 만나는 곳, 진정한 이야기가 펼쳐지는 곳이 될 수 있다.

의미 있는 공동체 시작하기

방법 1

구성원의 관심사 공유하기

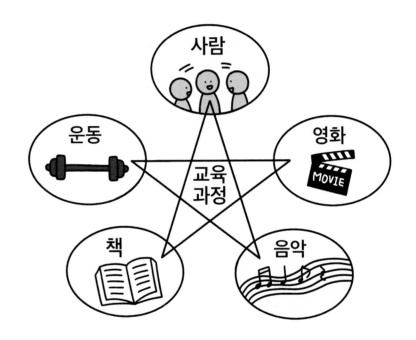

어떤 분야에 관심이 있으세요?

구성원의 교육적 관심사를 드러내고 공유하는 과정이 필요하다. 이는 서로에 대한 이해의 폭을 넓히고 학교교육과정을 중심으로 함께하고 있다는 것을 확인하는 과정이기도 하다. 이때 나눈 다양한 관심사와 역량은 추후 교육과정을 풍성하게 하는 자양분이 된다.

방법 2

지속해서 운영할 수 있는 정기적인 시간 확보하기

S	M	T	W	T	F	S
		1	② 오후3시 협의실	3	4	5
6	7	8	⑨	10	11	12
13	14	15	⑯	17	18	19
20	21	22	㉓	24	25	26
27	28	29	㉚	31		

학기가 시작되면 정기적인 모임 일정을 정하기 어렵다. 그렇기에 사전에 모임 시간을 계획하여 일정을 정례화하고 우선순위에 두어 변수에 흔들리지 않고 진행될 수 있도록 한다. 시간 확보와 꾸준한 참여는 안정적이고 지속적인 연구를 가능하게 해 누적된 연구 결과를 얻는 데 도움을 준다.

방법 3

교육과정 실행에서 학생들에게 투입하고 결과를 피드백받을 수 있는 주제 선정하기

학생의 성장을 도울 수 있는 연구 주제는 무엇일까?

연구할 주제는 학생들의 성장을 지원하는 내용이어야 한다. 이는 학생을 통해 연구의 과정과 결과를 확인할 수 있다는 것을 의미한다. 학생에게 필요한 것은 무엇이고 어떠한 방식으로 적용될 것인지를 논의하는 것이 연구 주제 선정의 핵심이 된다.

1 분위기 조성하기

오늘 하루 어떠셨어요?

가벼운 대화를 활용하는 분위기 조성은 구성원의 긴장을 풀고 창의적 사고를 촉진할 수 있다.

- 근황을 묻는 질문이나 간단한 아이스브레이킹 활동으로 낯섦과 어색함을 푼다.
- 다양한 개인적 관심을 나눌 수 있는 시간을 충분히 제공한다.

2 소통 환경 준비하기

○○선생님은 어떻게 생각하세요?

구성원의 적극적 소통을 위해서는 안전한 공간임을 확인할 수 있는 물리적 조건을 마련하는 것도 중요하다.

- 마주 보거나 원형 테이블 등을 활용하여 모두가 눈을 맞추고 같은 위치에서 발언할 수 있도록 돕는다.
- 모두에게 발언 기회를 주고 경청한다.

③ 퍼실리테이터 되기

그것에 대해 조금 더 말씀해 주시겠어요?

리더의 핵심역량 중 하나는 조정력(Coordination)이다.
구성원이 자유롭게 아이디어를 개진하고 생각을 정리할 수 있도록 돕는 것이 필요하다.

- ● '무엇을', '어떻게'보다 '왜' 질문으로 모임의 의미를 살피고 목적을 공유한다.
- ● 구성원에게 지지와 지원을 보내며 믿고 기다린다.
- ● 긍정적이고 개방적인 질문을 던진다.

학교교육과정 전반을 거시적 · 생산적 안목에서 논의하라

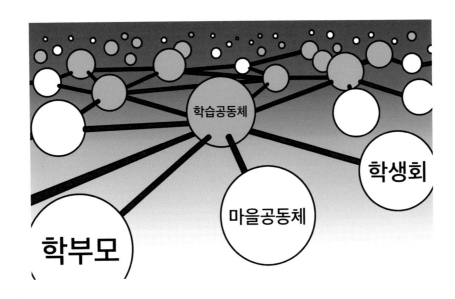

학교교육과정에서 발생하는 다양한 과제를 여러 관점에서 해석하고 장기적으로 해결하는 것이 학습하는 공동체의 역할이다. 학교 문화 개선이나 민주적 학교 운영 등 소수가 해결하기 힘든 문제에 대해 팀을 꾸려 연구하고 실천하며 본질적인 해답을 찾아본다. 이 과정에서 학교 운영과 맞닿아 있는 여러 조직—마을공동체, 학부모, 학생회 등—과 협력하여 실천해 나갈 수도 있다.

Q2

학습하는 공동체는 어떤 모습일까?

학교 비전을 실현하는 공동체

학교 비전은 폭넓은 가치와 학교담론을 담고 있다. 비전을 실현하기 위해서는 이를 구체화하는 것이 필요하다. 학년 단위, 주제 단위로 학습하는 공동체를 꾸리고 학교 비전의 핵심 가치가 구체적으로 드러날 수 있도록 방향을 설정하여 실행하면 학교 비전이 자연스럽게 학교의 곳곳에서 펼쳐지는 경험을 할 수 있다.

→ 우리 학교의 핵심가치를 실현하는 공동체의 모습은?

[학교 비전]
삶과 배움이
하나 되는
민주적인
행복공동체

행복한 공동체는
무엇이 필요할까?

마을교육
학습공동체

공동체를 위한
격려와 코칭
학습공동체

삶을 어떻게 배우게
할 것인지 고민이
필요해.

민주적이라는
의미를 더 깊이
생각해 보자.

수업나눔
학습공동체

문화예술
학습공동체

민주시민교육
학습공동체

A2

문제를 깊이 있게 탐구하는 공동체

학교의 문제는 학교교육과정을 하는 과정에서 지속적이고 복합적으로 드러난다. 그러한 문제는 공동의 문제 인식을 지닌 구성원이 꾸준히 만나고 연구하며 해결의 실마리를 찾아갈 수 있다.

학교 비전을
실행하는 구체적
방법이 필요하다

학교교육과정 속
프로그램들이 유기적이
지않고 나열적이다

핵심가치를
중심으로 주제를
구체화하자.

학생들 사이에 다툼이
잦고 돌봄의 손길이
필요한 아이들이 많다

학교교육과정이
수업 속에서
실현되도록
디자인하자.

학교 속
생활교육 방법을
고민해 보자.

교사들 사이의
소통창구가
부족하다

고민을 나누는
장을 마련하자.

주제중심

수업중심

생활교육
중심

지원중심

**학습하는
공동체**

A3

집단지성의 힘을 발휘하는 공동체

교육과정에는 다양한 삶의 이야기와 주제가 담긴다. 각기 다른 경험과 역량을 가진 교사들이 함께 협력하면 더욱 다채롭고 깊이 있는 교육과정을 운영할 수 있다. 담임교사와 학생 단위로 그칠 수 있었던 교육활동은 집단지성의 힘을 통해 확대된다. 또한 상호작용하는 과정에서 교사의 의견과 역량이 충분히 발휘되면 효능감도 높아진다.

한 학급의 어려움을 개인의 문제로 축소시키지 않고 동료 교사가 함께 고민하고 해결해 가는 것 또한 학습하는 공동체의 모습이다. 교육과정을 실행하는 과정에서 나타나는 개인의 문제를 누구나 겪을 수 있는 것이거나 시스템으로 해결할 수 있다는 관점으로 전환하여 해결책을 모색할 수 있게 된다. 이렇듯 성공 경험, 보완할 점들을 나누고 실천하는 과정에서 개인은 물론 집단의 성장도 이룰 수 있다.

TIPS 일단 실행하라

　학교에서 바쁘게 일상을 지내다 보면 학습하는 공동체를 의미 있게 실행하기 어려울 수도 있다. 그러나 일단 실행한 후 성취하는 경험은 어려움을 극복할 수 있다는 사고의 전환을 이끈다. 교육과정을 실천하며 학생이 변화하고 교사가 성장하는 경험은 교사의 자발성을 높이며 이는 학습하는 공동체가 선순환하는 구조의 밑바탕이 된다. 무엇보다 일단 실행으로 성공, 성취의 경험을 늘려가는 것이 중요하다.

전문가에게 필요한 것은?

　학습하는 공동체는 취미 모임이나 자기 연찬에 그치지 않고 구성원이 함께 교육 전문가로서 성장할 수 있는 공공성과 책무성을 지녀야 한다. 교육적 견해를 중심으로 이를 나누고 배움으로써 우리는 학교 속 삶을 유의미하게 꾸려 나갈 수 있다.

1. 윤리적인가?
2. 함께 연구하고 있는가?
3. 끊임없는 자기계발이
　　이루어지고 있는가?

CHAPTER 03
관계 다루기

조직을 이루고 있는 개인의 욕구나 생각, 신념, 역할 등은 매우 다양하다. 이는 개개인의 고유한 에너지를 만들어내고 집단 안에서 힘의 흐름을 발생시키는데, 이것을 **집단역동**이라고 한다. 역동은 두 명 이상의 사회적 관계에서 일어나는 것이기에 학교교육과정 전반에서 발견될 수 있다. 여러 사람들이 모여 의견을 나눌 때 쉽게 합의에 이르거나 반대로 미묘한 분위기로 논의가 정체되는 것 모두 집단역동이 발생하는 예다.

집단역동에서 들여다보아야 할 핵심요인은 구성원 간의 관계다. '관계는 어렵다, 어쩔 수 없다'에서 한 발 내디뎌 구성원이 학교에서 하고 있는 사회적 행동을 이해할 필요가 있다. 어떤 방식으로 의사소통을 하고 있는지, 그 안에서 서로가 어떠한 내용과 정서로 영향을 주고받고 있는지 살펴보고 다루어야 한다. 이러한 경험은 동료와의 소속감을 키우고 다음 학교교육과정을 위한 동력으로 작용할 수 있다.

핵심포인트

1. 학교를 움직이는 힘
2. 상호작용하는 요인 파악하기
3. 대화하고 해석하기
4. 관찰하고 예측하기

언제 할까?

- 드러나지 않은 갈등으로 학교 문화가 침체되어 있을 때
- 학교의 문제를 다양한 관점으로 이해해 보고자 할 때
- 갈등으로 인해 힘들거나 갈등의 해소를 위한 실마리를 찾고 싶을 때
- 우리 학교 구성원을 개인 차원이 아닌 사회적 관점에서 이해하고자 할 때

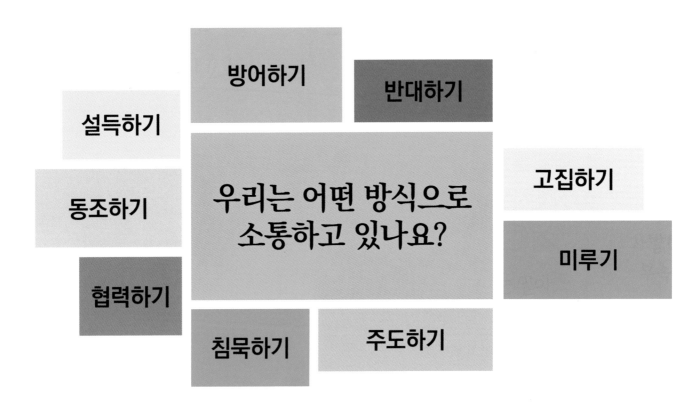

이와 같은 방식 모두가 전적으로 좋거나 나쁜 것으로 규정될 수 없다.
그 순간 우리의 행위를 성찰하는 것이 중요하다. 겉으로 드러나는 것 이면에 숨겨져 있는
나와 타인의 역동을 알아채고 읽어낼 수 있어야 한다.

학교를 움직이는 힘, 집단역동

학교는 끊임없이 순환하는 구조와 그 안에서 만나는 구성원 간의 협업으로 움직인다. 학교교육과정은 교실 문을 넘어서 학급과 학년이 교류하며 교사들이 다 함께 아이들의 삶과 배움을 고민하기를 요구한다. 서로 다른 생각과 배경을 가진 구성원의 소통과 만남은 더 빈번해지고 상호 영향력은 확대된다. 이러한 의사소통 및 의사결정과정에서 학교 구성원은 어떤 언어적, 비언어적 행동을 하게 될까? 그로 인해 나타나는 우리 집단의 특성이나 힘의 움직임은 어떠할까?

역동은 집단 구성원의 이해관계를 드러낸다. 자신이 원하는 것을 관철해내려는 강력한 에너지는 상황을 버티거나 특정 방향으로 이끌며, 이때 갈등이 드러나거나 숨겨진다.

우리는 일반적으로 갈등을 나쁜 것, 불편한 것, 피해야 하는 것으로 인식할 때가 많다. 갈등을 다루기 위해서는 많은 에너지가 필요하기 때문이다. 계속 만나야 하는 조직 구성원과 치열하게 논쟁을 벌이거나 그로 인해 얼굴을 붉히게 되는 상황을 피하고 싶기도 하다. 하지만 '갈등이 없어서 좋은 학교'라거나 '현재 아무런 문제가 없다'는 것은 갈등이 존재하지 않는다는 의미가 아니라 갈등이 숨겨져 있는 것일 가능성이 크다. 이러저러한 이유들로 회피하거나 순응하기보다 더 나은 방향으로 성장할 수 있도록 갈등을 직면하는 것이 필요하다.

학교교육과정을 한다는 것은 그 자리에 머물러 있지 않고
계속해서 움직이며 성장하는 학교를 만드는 것이다.
그것은 우리가 겪는 다양한 갈등을 마주하고 다룰 때 가능하다.

Q1

구성원 사이의 역동을
어떻게 다룰까?

A1

상호작용하는 요인들을 파악하라

역동은 공동체에 갈등을 유발하기도 하지만 반대로 시너지를 일으켜 혼자서는 할 수 없는 것들을 강력한 추진력으로 성취해낼 수 있는 원동력이 되기도 한다. 우리 집단에서 보이는 특성을 '목소리 큰 저 사람 때문에 바뀌지 않아', '우리 공동체의 빛과 소금인 저 사람만 있으면 무엇이든 할 수 있을 거야'처럼 개인의 문제나 성과로 치환하지 않고 관점을 전환하여 구성원의 상호작용으로 보는 것이 필요하다. 사회적 관점에서 역동과 관련된 요인들을 찾아 이해해 본다.

역동 **에** 영향을 미치는 요인들

한 집단 내의 구성원은 대부분 일정한 지위를 지니며 그에 따라 기대되는 역할을 가진다. 사람은 개별적 존재로 집단에 영향을 끼치기도 하지만 집단 내에서 맡은 역할에 따라 독특한 힘을 발휘하기도 한다.

집단의 규범은 구성원이 명시적으로나 암묵적으로 동의한 관례나 분위기를 의미한다. 이는 압력이나 강화와 같은 방식으로 집단의 역동에 영향을 끼친다.

관례, 분위기	부장, 관리자, 위원	조력자, 리더, 연장자
"우리 학교는 민주적이야." "하던 대로 해요." "그 사람은 일을 참 잘해."	"이건 부장이 알아서 결정해요." "교장 선생님이 우리 학교 최고 어른이잖아."	"제가 도와 드릴게요." "리더가 이끌어 주세요."

역동 01 영향을 미치는 요인들

우리가 의식하고 있는가의 여부와 상관없이 집단에는 항상 복합적인 힘이 작용하고 있다. 이러한 역동은 구성원 간의 협력을 이끌어 시너지를 내기도 하고 집단 내 갈등을 일으키거나 집단 전체의 태만으로 표출되기도 한다.

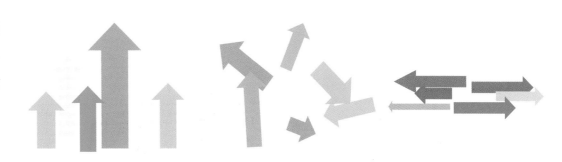

집단의 화합	갈등	사회적 태만
"이게 바로 집단의 힘이지!" "혼자서는 할 수 없는 것들을 함께라서 할 수 있었어."	"아... 안 맞아." "저 사람은 왜 저러는 거야?"	"대충 좀 하지..." "어차피 안 변할 텐데..."

우리 학교에서 발견할 수 있는 집단역동의 모습은 어떠한가요?
이런 역동을 어떻게 다루면 좋을까요?

A2

대화하고 해석하라

한 개인을 움직이는 요인은 하나가 아니며 다양한 요인이 복합적으로 영향을 끼칠 수 있음을 이해하고 구성원이 마음을 열 수 있도록 도와주어야 한다. 어느 한 면만으로는 그 사람을 온전하게 이해할 수 없다. 외부로부터 받는 영향, 요구되는 역할, 인간관계 등을 다면적으로 고려해야 한다. 따라서 눈에 보이는 행동 뒤에 있을 수 있는 개인적 동기, 타인과의 관계, 요구되는 역할 등을 총체적으로 파악하는 것이 필요하다. 이를 위해 적절한 자기 개방이 이루어지도록 충분한 대화를 나누고 이해하는 시간을 마련한다.

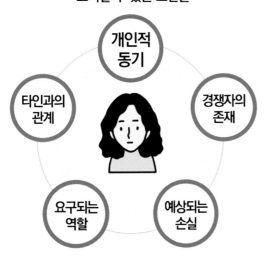

**타인의 행동을 해석할 때
고려할 수 있는 요인들**

개인적
동기

타인과의
관계

경쟁자의
존재

요구되는
역할

예상되는
손실

한 집단의 시스템이 복잡하듯,
개개인도 하나의 거대한 시스템이라는
사실을 기억하자.

다양한 관점으로 이해하기

학급일 외에는 참여하지 않는 A선생님

학년의 모든 일을 앞장서 해내는 B선생님

	학급일 외에는 참여하지 않는 A선생님	학년의 모든 일을 앞장서 해내는 B선생님
단선적, 단편적 이해	이기적이다	에너지가 넘친다
다면적 이해	개인적 연구를 진행 중이다 우리 학급에 집중하고 싶다	다양한 분야에 관심이 많다 책임감이 강하다

A3

집단을 관찰하고 예측하라

  학교의 문화는 오랜 시간에 걸쳐 형성되어 왔기 때문에 역동을 알아채고 다루는 데
는 많은 시간이 필요하다. 효율적이고 익숙한 방법에서 벗어나 충분히 과제를 진단하
고 그 과정에 머물러야 한다. 논의를 이끌어 가는 사람 외에 침묵하거나 주로 동조하
는 구성원 모두의 목소리를 듣고 숨겨진 갈등이 있는지 관찰한다. 이러한 과정을 통
해 우리 집단이 가지고 있는 특성을 발견하고 두드러지는 이슈나 문제의 중심에 있는
구성원뿐 아니라 관련 없어 보이는 구성원 사이의 연관성을 예측한다.

관찰로 발견한 집단 특성의 예	예상되는 결과
충분히 논의하지 않고 쉬운 방식으로 결정	예) 짧은 시간 안에 결론 짓는 것이 편하고 익숙해서 기존의 방식을 고수할 가능성이 크고 이는 집단이 성장하지 못하고 **정체**되게 함
주도하는 몇몇의 이해관계자들에 의한 집단의 긴장	예) 팀워크를 기반으로 일이 진척되지 않고 묘한 불편감에 전체가 함께하는 것이 **힘들다**고 느끼게 됨
과제에 개입하지 않음	예) **각자도생**. 업무를 맡은 사람만 하고 그렇지 않은 사람은 참여하지 않아도 된다는 분위기가 형성되고 이것이 합리화됨
한 사람이 강력하게 주장하고 이것이 관철됨	예) 모두가 참여하는 공동체의 의견이 아니기에 다수의 **불평불만**이 생김

역동은
누가 다루는가?

    학교에서 다루는 문제는 논리적으로 얽혀있는 것이라기보다는 사회 심리적으로 복잡한 성격을 지닌다. 그래서 학교의 문제를 다룰 때에는 그것이 발생하는 사회적이고도 정치적인 측면을 놓쳐서는 안 된다. 사람들의 이해관계와 그 안에 포함된 신념, 가치, 믿음 등을 진단하고 이를 다룰 수 있는 단서를 차근차근 찾고 해석해야 한다. 그래서 '집단역동을 발견하고 알아채는 사람은 누구여야 하는가?'라는 질문은 사실 적절하지 않다.

    역동을 다루어야 하는 사람은 특정한 누군가가 아니라 집단의 역동을 관찰하고 발견하는 사람이고 그것은 구성원 누구에게나 요구된다. 학교 조직은 다양한 이해관계가 얽혀있는 큰 그물과 같기에 구성원 모두가 책임을 공유하고 함께 움직여야 한다. 집단역동을 이해하고 발견하는 사람이 한 걸음을 먼저 떼고 이를 다룬다면 공동체는 변화하고 이전과는 다른 방향으로 움직일 수 있다.

새로운 시선으로 역동을 진단하고 학교의 의미 있는 변화를 이끄는 핵심질문

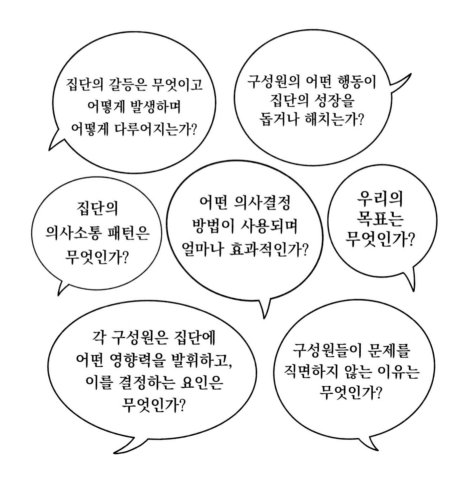

CHAPTER 04
지지하고 돕기

학교교육과정을 촘촘하게 계획하고 함께 준비했더라도 막상 실행은 계획과 달라질 수 있다. 특히 고민했던 교육내용이 제대로 실행되고 있는지, 학생은 얼마만큼 성장했는지, 옳은 방향으로 나아가고 있는지 의구심이 드는 순간들을 맞이한다. 이러한 어려움에 봉착했을 때, 구성원이 주체가 되어 고민하는 것으로부터 시작해야 한다. 우리가 지금 어디에 있고 무엇을 할 수 있는지에 대해 동료와 함께 나누어야 한다. 구성원 간의 지지와 지원을 통해 나와 같은 고민을 하는 동료와 공감하고 어려움을 함께 극복할 수 있는 용기를 얻는다. 모든 교사가 스스로 해낼 수 있다는 가능성을 믿고 서로의 버팀목이 되어주어야 학교교육과정을 의미 있게 완주할 수 있다.

🔍 핵심포인트

1. 진단하고 목표 공유하기
2. 촉진하고 지지하기

🕐 언제 할까?

- 계획한 것과 실제 실행 사이에 괴리가 생길 때
- 구성원이 갈피를 못 잡고 우왕좌왕할 때
- 교육과정 운영에 대한 전체적인 시각이 필요할 때

Q1

지원이 필요하다는 것은 어떻게 확인할 수 있을까?

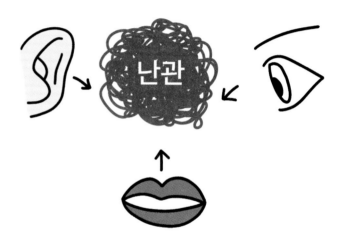

A1

어려움을 눈과 귀로 확인하라

교육과정을 실행하는 과정에서 누구나 어려움을 겪는다. 이러한 어려움을 제대로 확인하지 않고 내버려 두면 지치거나 포기하는 사람이 생긴다. 따라서 구성원이 함께 현재 상황에 대해 직시하고 이해하려는 노력이 필요하다. 어려움을 겪는 구성원이 스스로 문제를 겪고 있는 지점을 확인할 수 있도록 점검하는 질문을 던지거나, 이를 시각화하여 어려움을 진단할 수 있다.

스스로 해결방안을 모색하도록 질문으로 돕기

질문은 생각을 자극하며 현재 겪고 있는 어려움이나 문제를 명확하게 인식하도록 돕는다.

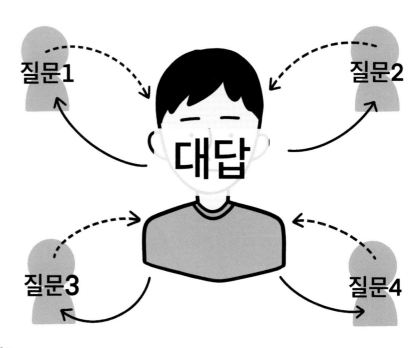

- 현재 상황은 어떠한가?
- 그 문제가 얼마나 중요한가?
- 문제가 발생한 원인이 무엇인가?
- 문제를 해결하기 위해 지금까지 어떤 노력을 했는가?
- 문제를 함께 고민하거나 도움을 요청할 사람이 있는가?

시간과 감정의 지도 그리기

시간과 감정의 지도는 실행과정에서 느끼는 구성원의 다양한 감정과 생각을 시각화하여 공유하는 방법이다. 구성원 각자에게 도움이 필요한 순간과 내용에 대한 정보를 얻을 수 있다.

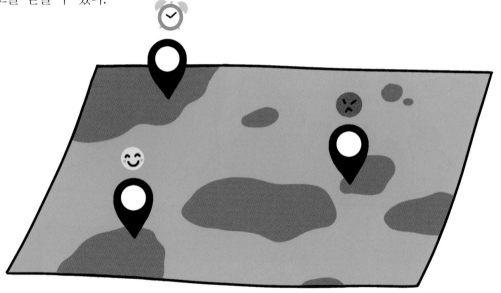

1. 교육과정을 하는 과정에서 그 당시의 생각과 감정을 간단히 메모한다.
2. 메모를 시간순으로 배열하되, 감정의 정도에 따라 높낮이를 달리 표현한다.
3. 시간의 흐름에 따라 구성원이 함께 누적해간다.

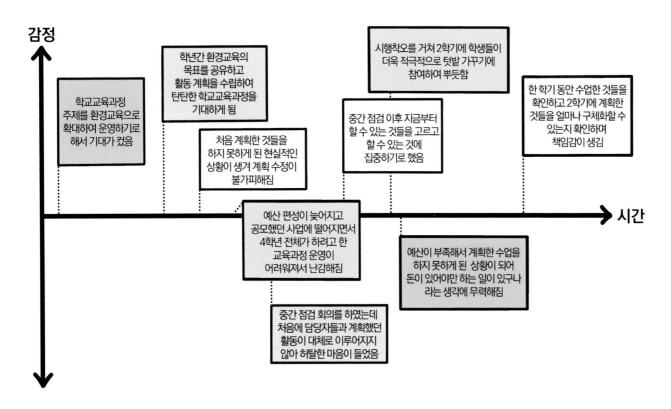

이럴 때 메모 남기기!

- ◉ 준비한 교육과정을 학생들이 제대로 이해한 것 같을 때
- ◉ 기대하지 않았던 학생의 우수한 결과물을 볼 때
- ◉ 학생들이 적극적으로 참여했을 때
- ◉ 다른 반과 전혀 다른 과제수행의 결과를 얻었을 때
- ◉ 동료와 의견 마찰이 있었을 때

목표를 끊임없이 확인하라

 목표를 향해 잘 가고 있는지 점검하면 불안함을 줄이고 방향성을 잃지 않을 수 있다. 내가 하는 방법과 방향이 옳은지, 제대로 한 것이 맞는지에 대해 늘 고민하고 성찰하는 것은 필요한 일이지만 이를 혼자 고민하다 보면 자신감을 잃고 헤맬 수 있다. 동료와 함께 목표를 확인하면서 목표 달성 정도를 구체화하는 것이 좋다.

목표를 점검할 때 나눌 수 있는 질문

- 올해의 교육과정을 통해 우리가 이루고자 하는 것은 무엇일까?
- 교육과정 목표가 이루어졌을 때 예상되는 가장 긍정적인 모습은 무엇일까?
- 목표는 학생들의 삶과 의미 있게 연결되는가?
- 지금 하는 실천이 목표에 얼마나 부합한다고 생각하는가?

Q2

지원이 필요할 때 우리는 무엇을 해야 할까?

생각을 끌어내라

학교교육과정을 한다는 것은 모두가 함께한다는 의미이다. 실행의 과정에서 생긴 문제는 누구에게나 일어날 수 있는 문제다. 모두의 힘으로 문제를 해결하기 위해서는 서로 질문하며 의견을 경청하는 것이 필요하다. 이때의 질문은 스스로 답을 찾아갈 수 있는 것이어야 한다.

해결점을 고민할 때 나눌 수 있는 질문

- 교육과정 운영에서 문제점을 바꾸기 위해 무엇을 할 수 있을까?
- 어떤 방법을 이용하면 이를 해결할 수 있을까?
- 다른 방법이 있다면 무엇일까?
- 이제 무엇을 해야 할까?
- 언제, 어떻게 시작할까?

A2

지지를 보내라

교육과정 실행의 힘을 키우기 위해 서로가 서로를 이끌어야 한다. 이때 지지하는 말과 행동은 구성원에게 큰 힘이 된다. 눈을 보고 말하기, 상대로 몸 향하기 등의 경청하고 있다는 신호를 보내거나 상대의 말을 바꾸어 말하기, 질문하기와 같은 언어적 표현을 해줄 수 있다. 격려, 호응, 공감 등의 긍정적 피드백은 지치지 않고 교육과정을 실행해 나갈 수 있도록 돕는다.

TIPS 지지하고 지원하는 리더를 위한 소소한 팁

- 본인이 생각하는 정답을 말해주는 성급함을 경계한다.
- 그 사람에게 필요한 해답은 모두 그 사람 내부에 있다는 점을 믿는다.
- 조언하기 전에 질문한다.
- 개인적으로 지원하기 어려운 문제는 집단이 함께 도울 수 있도록 한다.

CHAPTER 05
실행의 가치 이어가기

교사들은 교육적 활동을 계획하고 실행하는 과정에서 결과물을 만들어 낸다. 이는 교사의 전문적 지식과 통찰을 담고 있음에도 불구하고 흩어져 버리거나 개인 자료로 남아 공동체가 공유하는 기록으로 이어지기 어렵다.

공동체가 실행의 과정을 함께 기록하고 남기는 것은 교육과정 실행의 의미를 지속적으로 생성하고 새로운 가치를 만들어낼 수 있다. 이는 과정과 결과물을 보존함과 동시에 그것의 확장된 활용을 가능하게 한다. 이처럼 교육과정 실행 중 만들어지는 유무형의 기록물들을 재현 가능하도록 일정한 절차를 거쳐 보존하는 것을 아카이브(Archive)라고 한다. 아카이브를 통해 실행 중 생산되는 다양한 교육적 자료들을 교사 개인이 백업해 두는 수준을 넘어서 학교 차원의 공적 자산으로 의미를 부여하고 질적 향상을 추구해 갈 수 있다.

핵심포인트

1. 학교 아카이브 운영하기
2. 학교 아카이브 지속하기

언제 할까?

- 실행의 성과가 유실될 때
- 개인의 실행을 공동체의 역량으로 이어가고자 할 때
- 실행의 과정과 결과의 활용성을 확장하고자 할 때

Q1

아카이브,
어떻게 운영할까?

A1

아카이브 환경을 구축하라

학교 아카이브의 첫걸음은 공동체 구성원이 모두 모여 이에 대한 취지를 공유하고 필요성과 과정에 대한 공감대를 형성하는 것이다. 아카이브가 가지는 학교 차원의 효과와 이것이 지향해야 하는 바에 대해 충분히 논의하고 지속적으로 운영될 수 있는 여건을 마련한다. 학교 아카이브 활동이 새로운 업무가 아닌 교육활동의 일부로 여겨질 수 있는 분위기를 형성하는 것이 중요하다.

이를 토대로 우리 학교교육과정 아카이브를 연구하고 운영할 학습공동체를 조직한다. 학습공동체를 중심으로 정기적협의와 연구를 통해 학생의 배움과 성장을 이끈 기록을 수집, 선별, 분류, 관리한다.

A2

수집하고 등록하라

교육과정 실행에서 만들어진 자료들을 아카이브 플랫폼에 등록한다. 이는 학교 아카이브에 참여를 희망하는 교사 누구나 탑재 가능하며 자율성을 기반으로 해야 한다.

생산기록물의 정보로 등록 가능한 예시를 소개한다.
1) 기초 정보: 소속학년, 기록물 생성 날짜, 기록자, 보존 기간
2) 생산 정보: 관련 영역(부서, 학년, 행사), 세부 내용
3) 양도 및 동의: 기록물 생성자의 권한 양도 동의서, 개인정보수집동의서

자료의 기준을 정하라

학생소감
인터뷰

교사 협의 내용
주제 학습 안내

학부모 피드백
동영상

전시회 사진

실행에서 생산되는 모든 결과물을 아카이브 할 수는 없다. 학습공동체 구성원이 어떤 결과물을 보존할 것인지에 대한 관점과 기준을 설정하고 선별하는 과정을 거친다.

- 희소성: 독특하거나 창의적인 형태·과정의 교육내용인가?
- 가치성: 교육적 가치가 높은 내용인가?
- 활용성: 2차 활용 가치가 높은 내용인가?
- 홍보성: 알려지면 관심과 활용 요구가 늘어날 내용인가?

TIPS 학교 아카이브 플랫폼 구조 예시[4]

구분		아카이빙		비고
생성자	교사 본인	수집	등록·분류 (원자료 생산)	문서형·비문서형
운영자	학습공동체	보존	선별·연구·게시·평가	편집 가능
이용자	교내 동료 교사	활용	열람 가능	편집 불가
			2차 가공 및 활용	공동체와 협의
	교외 교사·기관	공개	열람 가능	협조공문 요청 시
			2차 가공 및 활용	협조공문 및 대면 방문 협의

학교 아카이브는 교육과정 실행의 데이터를 보존하는 것뿐 아니라 그것을 활용하여 새로운 가치를 창출하고 교육과정의 질적인 성장과 변화를 이끄는 데 기여해야 한다. 따라서 데이터를 생성하고 이용 및 관리가 용이한 구조로 플랫폼을 구축하는 것이 필요하다.

---

[4] 학교 수준의 교수학습물 아카이브 플랫폼 구축 방안, 김동현(2021)

Q2

아카이브,
어떻게 지속할까?

A1
자발성을 기반으로 하라

어떤 일이든 일을 몇몇 사람들만 수행하거나 수동적으로 따라야 할 때 부작용과 문제점이 발생하기 쉽다. 따라서 학교 아카이브는 업무가 아니라 공동체 수준에서 교육과정 연구의 측면으로 접근할 필요가 있다. 누구나 참여 가능한 학습공동체를 중심으로 교사들은 실천적 지식과 연구 자료를 생산하고 제공할 수 있다. 그리고 이것이 다시 실제 교육활동에서 다양하게 활용되고 새로운 의미를 만들어낼 때 교사들은 효능감을 느끼고 학교 일원으로서의 자부심을 가질 수 있다. 이는 자발적이고 지속적으로 아카이빙에 참여하는 힘이 된다.

A2

공적 자산으로 의미를 부여하라

　학생들과 하루하루를 바쁘게 살아가다 보면 교육활동이 펼쳐지는 생생한 순간을 놓치고 흘려보내기 쉽다. 그 순간 교육적 의미를 발견하더라도 맥락에 대한 정보를 남겨두는 것이 쉽지 않고 모아 두었던 결과물이나 문서들도 학년 말에 이르러 폐기할 때가 많다. 의미가 있다고 여겨지는 것들도 교사 수준에서 셀프 아카이빙 하거나 개인적인 관계 정도에서 나누다 보니 교사들의 교육적 실천이 공적인 차원에서 남겨지는 경우가 많지 않다. 따라서 학교 단위의 교육과정 실행에서 생산되는 무수한 교육적 성취물과 의미 있는 과정을 확보하고 정리하는 것이 필요하다. 교사 개인의 노력과 성과를 공동체의 교육적 가치와 의미로 확장시켜 갈 수 있다.

PART 04

학교교육과정을
성찰하다

우리가 걸어온 길 돌아보기

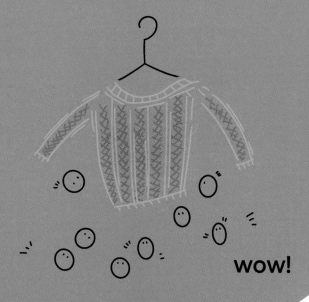

wow!

교육과정 돌아보기

학교 구성원이 지나온 길을 함께 되짚어 보는 것은 각자 살펴보는 것 이상의 가치를 담는다. 우리는 행위의 반성 속에서 새로운 것을 발견할 수 있다. 모르고 지나쳤을 공동체의 시간과 노력들을 포착하여 의미를 부여하는 과정을 통해 우리만의 이야기를 만들 수 있다. 그 발견은 또 다른 출발의 원동력이 된다.

교육과정 평가는 쉽게 드러나지 않는 조직의 성장과 변화, 정체와 문제 등을 발코니에 올라 바라보고 추론하여 눈에 보이는 증거를 확보하는 일이다. 집단이 실행해 온 것에서 어떤 내용을 선택하여 어떻게 해석하는가에 따라 이후의 목표와 계획의 방향성은 달라진다. 교육과정 평가는 우리 공동체의 계획과 실행을 협력적으로 돌아보고 새롭게 이해하는 성찰의 중요한 부분이다.

 **핵심포인트**

1. 두루 살피기

2. 학년교육과정 나누기

3. 의미 발견하기

언제 할까?

- 공동체가 함께 성장했음을 확인하고자 할 때
- 협력적 성찰로 학교교육과정의 의미를 발견하고자 할 때
- 교사들의 교육과정 실천 과정과 결과를 유의미하게 공유하고자 할 때

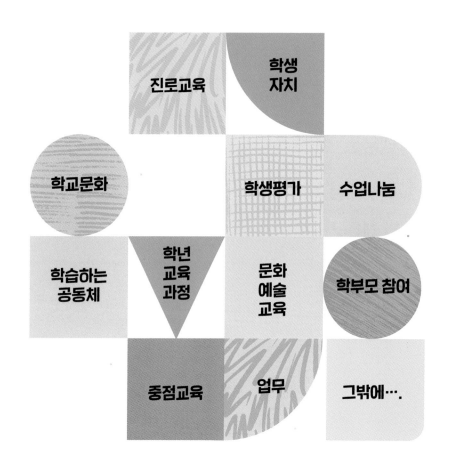

진로교육

학생
자치

학교문화

학생평가

수업나눔

학습하는
공동체

학년
교육
과정

문화
예술
교육

학부모 참여

중점교육

업무

그밖에….

우리는 실행의 과정에서 무엇을, 얼마나, 어떻게 경험해 왔나요?

Q1

교육과정 평가를 위한
성찰협의회, 어떻게 할까?

공유의 장을 열어라

공동체가 그동안 실행해 온 것들을 펼치고 살펴보는 시간을 갖는다. 주제별, 주체별로 나누어 실시하고 전체가 공유하는 것이 필요하다. 참여하는 구성원이 공유해 온 교육과정의 경험에 대한 감정, 견해 등을 자유롭게 발언할 수 있도록 소그룹으로 진행한다. 일에 대해 평가할 때에는 업무담당자가 개인을 향한 비난이나 평가로 느껴지지 않도록 주의하고 수정 보완이 필요한 내용에 집중해야 한다. 개인의 성찰을 공동체가 함께하는 사회적 성찰의 기회로 만들어 간다.

A2

ERRC 기법을 활용하여 교육과정 내용 두루 살피기

교육과정 전반에 걸쳐 강점과 약점, 나아가야 할 방향까지 종합적으로 다루며 서로의 의견을 나누는 장을 마련한다.

목표 달성을 방해하여 없애야 할 요소는?
더 이상 하지 말아야 할 것, 없애야 할 것

시간을 낭비하는 것으로, 줄여야 할 요소는?
빈도나 횟수를 줄여야 할 것

Eliminate(제거)	Reduce(감소)
Raise(증가)	Create(창조)

목표 달성을 위해 좀 더 집중해야 할 일은?
더 많이, 더 자주 해야 할 것

새롭게 추진해야 할 영역은?

학교교육과정에서 없애야 할 것, 줄여야 할 것, 늘려야 할 것,
새롭게 도입해야 하는 영역은 각각 무엇인가요?

성찰협의회에서 Don't vs Do

DON'T	DO

 "우리 마을의 문제를 찾기 위해 아이들이랑 주민센터, 우체국, 파출소, 보건소 등 7개의 공공기관을 방문했어요. 4인 1조로 조사학습하고 보고서를 작성했습니다. 내년에도 기관과 연계하여 지속하기로 했습니다."

 "이 주제는 학생들의 시선으로 마을의 문제점을 살펴보는 것에 초점을 맞추었어요. 먼저 학생들이 문제점이라고 느끼는 것을 알아보고 그것과 관련된 공공기관을 학생이 직접 찾아보고 교사가 연결해 주었어요. 문제를 해결할 수 있는 질문지를 수업시간에 함께 만들어서 인터뷰를 진행했어요."

 아, 그렇구나….

 아이들의 관점으로 문제를 보는 게 필요하겠구나.

◎ 나열식 정보 전달로 인해 교육의 결과가 드러나지 않고 학생의 성장을 알기 어렵다.

◎ 함께 성찰하고 적용해 볼만한 내용을 담고 있지 않아 의미 부여와 아이디어 확산이 이루어지지 못한다.

◎ 목표로 삼았던 내용을 드러내어 교사가 어떤 관점을 가지고 교육과정을 운영하는지 살필 수 있다.

◎ 교육과정 운영 방법 및 팁을 공유하는 기회가 된다.

학생들의 배움에서 의미를 찾아라

학교교육과정 나눔으로 성장을 꽃피우다

우리가 일 년 살이를 두루 살피는 가장 중요한 이유는 그
안에서 학생들이 어떻게 배우고 성장해 왔는가를 성찰하는
데 있다. 학교교육과정의 실행이 어떻게 학생들의 배움을 지
원하고 실현시키는가는 학년교육과정 실천에서 드러난다.

1년간 실행한 교육과정을 공유하고 학년 간 노하우를 나누
면서 학교교육과정의 연계성을 확보할 수 있다. 이러한 성찰
을 통해 학교교육과정의 의미를 찾고 다음 교육과정 실행의
동기를 높인다.

교육과정 성공 사례 나누기

교육과정 나눔을 의미 있게 준비하는 관점

- ◉ 학생들에게 실현된 것이 무엇인가?
- ◉ 학년에서 목표로 삼았던 것은 무엇인가?
- ◉ 이 과정이 성공적일 수 있었던 이유는 무엇인가?
- ◉ 학생과 교사는 이 활동을 통해 무엇을 배우고 어떻게 변화하였는가?
- ◉ 이 사례를 변형, 확장하여 시도해 볼 수 있는 방법은 무엇인가?

　　교육과정 사례 나눔의 가장 큰 목적은 개인이 경험한 교육적 실천을 공동체가 공유하고 의미를 되새기면서 집단의 성장과 발전으로 전환하는 데 있다. 교육과정의 나눔이 개인의 수업을 평가하는 자리가 아니라 가르침의 전 과정을 함께 고민하면서 문제를 발견하고 해결해 가는 장이 되도록 만들어야 한다. 따라서 모든 교사가 '상호 성장'이라는 목표에 이르기 위한 관점과 태도를 가지고 이 자리에 참여해야 한다. 이러한 태도로 만나게 되는 교육과정 사례 나눔은 교사들의 생생한 교육적 성찰로 학교교육과정을 이어가는 탄탄한 힘이 될 수 있다.

그 해의 가장 큰 실패 축하하기

전제되어야 할 것!

- 개인이 아니라 공동체가 함께 고민하고 만든 과정이 담긴 사례를 공유한다.
- 청중들은 판단, 평가, 결론을 멈춘 열린 마음으로 듣는다.

실패를 드러내는 것은 쉽지 않다. 나의 실패가 부끄럽기도 하고 성공한 경험의 공유만이 도움이 될 것이라고 생각하기 때문이다. 하지만 실패했다는 것은 다음번에 다르게 시도해야 하는 지점을 발견했다는 뜻이기도 하다. 실패를 공유함으로써 수업에 대한 개선이 이루어질 수 있으며, 그 과정에서 모두가 배움을 얻을 수 있다. 다양한 상황과 이유로 인해 생길 수 있는 문제점들을 공동체가 공유하며 앞으로의 시행착오를 줄여갈 수 있다. 실패는 재발견의 기회가 될 수 있음을 기억하자.

A1

교사들에게서 답을 찾아라

각자가 경험한 교육과정의 의미를 공동체 전체가 공유하고 소통하는 과정은 개인의 성찰을 공동체 차원의 성찰로 확대시킨다. 개인이 미처 보지 못했던 부분을 공동체가 함께 발견하며 학교교육과정의 새로운 의미를 더해 간다. 그렇기 때문에 교사 개개인이 교육과정의 계획과 실행을 거치면서 왜, 무엇을, 어떻게 경험하였는지에 대해 깊이 있게 나누고 격려하는 시간을 가지는 것이 필요하다. 흩어져 있던 개별적 사고와 행위를 새롭게 이해하고 해석하면서 함께 성장하고 변화하게 된다.

공동체의 성장을 이끄는 성찰 인터뷰

❑ 올 한 해 우리 학교에서 좋은 의미로 깜짝 놀랐던 순간이 있다면?

❑ 내년에 더 나은 우리를 위해 무엇을 할 수 있을까요?

❑ 우리 학교가 긍정적으로 변화하기 위해 이야기 나누어야 할 주제는 무엇인가요?

❑ 올해 학교에서 가장 기뻤던 순간에 대해 나누어 주세요.
  그 순간이 선생님에게 어떤 의미였나요?

❑ 아이들의 새로운 모습을 보고 놀란 경험이 있다면 언제, 어떤 일 때문이었나요?

❑ 학교, 학년에서 추진했던 교육활동 중 가장 보람 있고 뿌듯했던 것은 무엇인가요?

❑ 학부모나 학생에게 들었던 가장 감동적인 말이나 표현은 무엇이었나요?

❑ 올해 가장 기억에 남는 수업이나 활동은 무엇인가요?
  선생님에게 어떤 의미가 있었나요?

❑ 올해 우리 학교에서 가장 잘했다고 생각되는 일은 무엇인가요?

❑ 교육과정을 운영하면서 학생이나 교사가 극적으로 변화한 때가 있었다면,
  그 때의 기분이나 감정에 대해 나누어 주세요.

→ 학교교육과정 실행에 대한 신뢰와 기대감에 영향을 미치는 요인

성장의 경험

" 동료와 함께
학년교육과정을 실행하면서
교사인 저도 성장했어요. "

**불편한
심리 · 정서적 상태**

"이렇게 하는 게 맞을까?"

본보기 사례 경험

" 다른 학년의 교육과정
운영사례를 보고
좋은 아이디어를 얻었어요. "

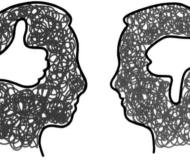

긍정적인 언어 사용

"선생님이 믿고 기다려준 힘이
그 학생을 변하게 한 거예요."

부정적인 언어 사용

"이렇게 한다고 변할까요?"

    학교교육과정을 성찰할 때 구성원들이 공유해야 하는 중요한 정서는 조직의 성과에 대한 신뢰와 기대감이다. 우리는 잘해왔고 앞으로도 잘할 수 있을 것이라는 긍정적 고양감은 구성원 간 상호작용을 통해 형성된다. 따라서 집단 성장의 힘을 유지하고 발전시켜 가기 위해서는 위와 같은 요인을 이해하고 소통해야 한다.

CHAPTER 02

성찰에서 문제 발견으로 이어가기

학교교육과정의 프로세스는 문제 발견, 계획, 실행, 성찰의 과정으로 이루어진다. 이 과정은 단선적으로 반복되는 것이 아니라 각 단계나 절차가 상호작용하고 교육과정의 체계를 점차 확장하며 순환하는 구조이다. 성찰 단계에서는 공동체가 함께 만들어 온 교육과정의 의미를 탐색하고 앞으로 나아가야 할 방향에 대해 논의하게 되는데 이는 문제 발견에서 구성원이 숙의하고자 하는 내용과 맞닿아 있다. 계획, 실행 단계에서 겪었던 어려움과 성과 등에 대한 전반적인 평가를 포함하여 구성원의 학교교육에 대한 요구와 관점, 실태 등을 진단한다. 이를 바탕으로 학교가 가진 강점과 약점을 확인하고 그에 따른 강화 방안, 해결책을 찾을 수 있다.

🔍 핵심포인트

1. 노스터 모델로 학교 구조 진단하기
2. CBAM으로 교육과정 실행에 관심 진단하기
3. 브레인라이팅을 활용한 해결방안 찾기

🕐 언제 할까?

- 학교교육에 대한 구성원의 요구를 진단하고자 할 때
- 우리 학교 교사들의 교육과정 실행에 대한 관심 정도를 파악하고 지원방안에 대한 구체적인 정보를 얻고 싶을 때
- 문제의 다양한 해결방안을 탐색하고자 할 때

노스터 모델로 학교 구조 진단하기 [5]

학교교육과정에서 발생하는 문제를 해결하고 학교를 변화시키기 위해서는 현재 일어나고 있는 일들을 관찰하고 문제에 적절히 개입하기 위한 진단이 필요하다. 노스터 모델은 현 시스템에서 구성원들이 느끼는 감정을 근거로 변화를 추진할 때 필요한 요소를 파악할 수 있는 도구이다. 노스터 모델을 통해 학교교육과정의 변화와 개선을 위한 시사점을 발견할 수 있다.

---

[5] Adapted from Knoster, T. (1991). Presentation in TASH Conference.

학교를 생각하면
어떤 감정이 떠오르나요?

만족

혼란

저항

태업

피로

불안

좌절

그 감정이 어떤 이유에서 생기는지 아래 질문 ❻을 생각하며 작성해보기

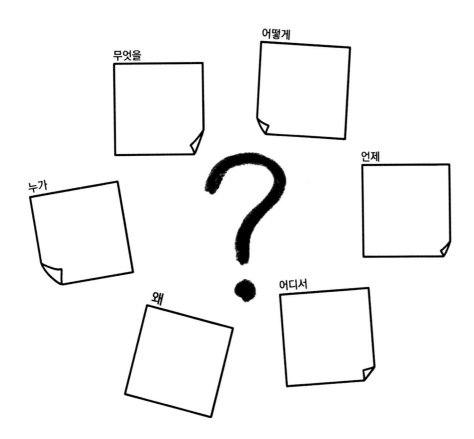

무엇을

문제는 무엇인가?

누가

관련 있는 사람은
누구인가?

왜

이 문제가 왜
중요한가?

어디서

이 문제는 어디서
일어나는가?

언제

이 문제가 언제
시작됐는가?

어떻게

이 문제가 어떻게
기회가 될 수 있는가?

❻ 마이클 루릭 외(2020). 디자인씽킹플레이북. 프리렉.

노스터 모델 확인하기

노스터 모델은 구성원이 느끼는 여섯 가지 감정을 통해 조직이 가지고 있는 문제의 원인과 변화를 위한 시사점을 발견할 수 있도록 돕는다. 비전, 보상, 합의의 동기부여 범주와 실행계획, 기술, 자원의 활성화 범주를 진단할 수 있다.

감정	동기부여			활성화		
	비전	보상	합의	실행계획	기술	자원
만족	= 💡	+ ⚒	+ ♥	+ 🎯	+ 🎓	+ 🔧
혼란	= ✖					
저항	=	✖				
태업	=		✖			
피로감	=			✖		
불안	=				✖	
좌절	=					✖

3 느껴지는 감정에서 개선 지점 확인하기

혼란
- 우리가 하는 일에서 의미를 찾지 못할 때 '왜 우리가 이것을 해야 하지?'라는 의문을 가지게 된다.

저항
- 실제적이고 중요한 가치를 다루지 않는다고 여겨지거나 노력이 성과로 나타나지 않으면 저항이 일어난다.

태업
- 겉으로는 일을 하지만 실제적으로는 일이 진행되지 못하도록 방해하게 된다.

비전
- 측정 가능하고 성취 가능한 목표가 있을 때 구성원이 몰입할 수 있다.
- 비전이 구성원에게 의미가 있는지, 구성원을 고취시키고 있는지 확인한다.

보상
- 구성원이 기여한 결과로 보상이 주어져야 한다. 이는 외적인 보상과 개인 내적 보상 모두를 포함한다.
- 보상은 변화로 인해 얻게 되는 가치를 구성원이 확인할 수 있어야 하며 변화를 위한 노력보다 결과로 인해 얻는 가치가 더 커야 한다.

합의
- 구성원이 동의하고 함께 조정해야 한다. 몇몇의 힘과 압력으로 변화를 이끌어 갈 수는 없다.

피로

◉ 방향성 없이 제자리에서 앞으로 나아가지 못한다고 인식할 때 피로감을 느끼게 된다.

불안

◉ 기술과 능력이 부족하여 실패할 수도 있다는 염려는 불안으로 나타난다.

좌절

◉ 실천을 가로막는 외부의 한계에 부딪힐 때 무력감을 느끼며 좌절하게 된다.

실행계획

◉ 피로감을 느낀다면 실행계획이 불완전하거나 불분명하다는 신호이다.

◉ 목표에 '어떻게' 도달할 수 있는가에 대한 답을 공유하는 방법으로 실행의 과정이 명확하게 계획되어야 한다.

기술

◉ 구성원은 전문성을 갖출 수 있도록 역량 개발에 힘써야 한다. 이는 개인적 차원을 넘어 공동체가 함께 상호작용하며 키워가는 공동체의 교육력 강화로 이루어져야 한다.

자원

◉ 자원은 인적, 물적, 재정적 자원 등으로 구성되며 교육의 질과 규모를 결정하는 중요한 요인이다.

교육과정 관심 중심 실행평가모형(CBAM: The Concern Based Adoption Model)[7]은 교사들의 교육과정 실행에 대한 관심 정도를 진단하기 위해 개발된 체크리스트이다. 각 단계는 선형적으로 발달하는 경향이 있지만 반드시 그런 것은 아니며 각 단계가 배타적인 것 또한 아니다. 여러 단계에 걸쳐 관심을 보일 경우 상대적인 강도를 비교하여 판정할 수 있다.

---

[7] Hall, G. E. & Hord, S. M. (2006). Implementing Change Patterns, Principles, and Pothles(2nd ED.). Boston, MA: Allyn & Bacon.

교육과정 관심 중심 실행평가모형(CBAM) 중 관심 단계 체크리스트

관심의 단계	관심의 정의	예시	체크
0. 지각적 관심	학교교육과정에 대해 관심이 부족하다.	학교교육과정 외에 다른 혁신에 더 많은 관심이 있다. 학교교육과정에 관심을 가지고 있지 않다. 학교교육과정보다 다른 일(교육 혹은 교육 외의 일)에 관심이 있다. 다른 중요한 사안들로 인해 학교교육과정에 관심을 기울이지 못한다.	
1. 정보적 관심	학교교육과정에 대한 추가 정보를 원한다. 학교교육과정에 대해 대체적인 것을 알고 있고, 더 많은 것을 아는 데 관심이 있다.	학교교육과정에 대해 한정된 지식을 가지고 있다. 학교교육과정이 실행되는 것에 대해 논의하고 싶다. 학교교육과정을 실행하기 위해 당장 해야 하는 일이 무엇인지 알고 싶다. 학교교육과정이 이전의 제도보다 어떤 면에서 더 나은지 알고 싶다.	
2. 개인적 관심	학교교육과정의 실행이 자신에게 어떠한 영향을 미치는지 알고 싶다. 학교교육과정의 실행과 관련하여 자신의 역할, 필요한 의사결정, 야기될 갈등 등에 관심이 있다.	학교교육과정이 현재 나의 전문성에 미치는 영향을 알고 싶다. 학교교육과정을 적용하기 위해 기존의 수업과 평가에 어떤 변화를 주어야 하는지 알고 싶다. 학교교육과정의 실행을 위해 어느 정도의 시간과 열정이 필요한지 궁금하다. 학교교육과정을 하게 되면 나의 역할이 어떻게 바뀔지 알고 싶다.	

3. 운영적 관심	학교교육과정의 효율적인 수행방법에 관심이 있다. 효율성, 조직화, 관리 방안, 시간 계획 등에 높은 관심이 있다.	학교교육과정을 준비하는 데 시간이 부족하다고 생각한다.
		내가 가르치고 싶은 내용과 학교교육과정이 요구하는 내용이 달라 갈등을 느낀다.
		학교교육과정이 요구하는 모든 것을 내가 실행할 수 있을지 걱정된다.
		학급경영, 행정 업무 등과 같은 문 제해결에 더 많은 시간이 드는 것을 걱정한다.
4. 결과적 관심	학교교육과정이 학생에게 미치는 영향에 관심이 있다.	학교교육과정이 학생들에게 어떤 결과를 가져오는지에 대해 관심을 갖고 있다.
		학교교육과정이 학생들에게 어떤 영향을 미쳤는지 평가해 보고 싶다.
		학교교육과정에 학생들이 적극적으로 참여하게 유도하고 싶다.
		학교교육과정의 개선을 위해 학생들의 피드백을 활용하고 싶다.
5. 협동적 관심	학교교육과정 실행을 위해 동료 교사와 협력하여 실행하는 일에 집중한다.	학교교육과정에 참여하는 동료 교사를 돕고 싶다.
		학교교육과정의 적용을 위해 동료 교사들과 협력하는 관계를 만들고 싶다.
		학교교육과정을 잘 적용할 수 있도록 교사들을 돕고 싶다.
		학교교육과정을 다른 사람들이 어떻게 실행하고 있는지 알고 싶다.
6. 대안적 관심	학교교육과정 실행을 위해 더 좋은 방법을 탐구하거나 수정, 더 나은 교육과정으로의 대체에 주목한다.	학교교육과정을 보다 효율적으로 적용하는 방법을 알고 있다.
		학교교육과정를 다양하게 적용하는 데 관심이 있다.
		학생들의 경험을 기반으로 한 학교교육과정을 적용하고 싶다.
		학교교육과정을 보완, 강화, 대처하는 방안을 강구하고 싶다.

우리 학교 구성원의 전반적인 관심 단계 알아보기

관심 단계를 고려하여 필요한 지원을 모색하고 학교교육과정을 위한 구체적 실행 방안을 마련할 수 있다.

체크	관심 단계	지원의 초점
☐	0. 지각적 관심	가능하다면, 교육과정 혁신과 그 실행에 관해 논의하고 의사결정에 교사를 참여시킨다. 잘 알지 못하는 것이 정상이며 어떤 질문도 할 수 있다는 것을 알려준다.
☐	1. 정보적 관심	구두, 서면, 매체, 개별, 소규모 집단, 대규모 집단 등 다양한 방법으로 정보를 제공한다.
☐	2. 개인적 관심	개인적인 관심을 맞출 수 있는 교사와 짝이 되게 해준다. 실천을 강요하기보다 기대하며 격려한다.
☐	3. 운영적 관심	운영상의 문제점과 해결책을 제시한다. 실천의 순서를 정하고 실천 시간을 배당하도록 도와준다.
☐	4. 결과적 관심	그들이 요청하는 지원을 해준다. 교사가 가진 노하우를 다른 사람과 나누게 해준다.
☐	5. 협동적 관심	협동하는 데 관심이 있는 사람들을 모은다. 관심이 없는 사람에게 강요하지 않는다.
☐	6. 강화적 관심	스스로의 관심을 해결하면서 실천하도록 돕는다. 기존의 것을 바꾸어서 의미 있게 실천할 수 있음을 알려준다.

Q

교육과정 관심 단계에 따라 어떤 지원이 필요할까?

0. 지각적 관심

학교교육과정에 대해 관심이 부족하다.

0. 지원하기

- 학교의 중요한 의사결정을 함께한다.
- 교사들이 협의에 참여할 수 있는 기회를 마련한다. 교육과정에 대해 잘 알지 못하는 것을 인정하며 어떤 질문과 의견이든 수용될 수 있다는 것을 안내할 필요가 있다.

1. 정보적 관심

학교교육과정에 대한 추가 정보를 원한다.
학교교육과정의 일반적인 것을 알고 있고 더 많은 것을 아는 데 관심이 있다.

1. 지원하기

- 정보의 소외는 구성원의 불신을 불러일으킬 수 있으므로 다양한 도구와 방법을 활용해 학교 운영에 대한 정보를 제공한다.

- 다양한 실천 사례를 나누며 교육과정에 대해 궁금한 것을 직접 묻고 답을 듣는 자리를 가진다.

2. 개인적 관심

학교교육과정의 실행이 자신에게 어떠한 영향을 미치는지 알고 싶다.
학교교육과정의 실행과 관련하여 자신의 역할, 필요한 의사결정, 야기될 갈등 등에 관심이 있다.

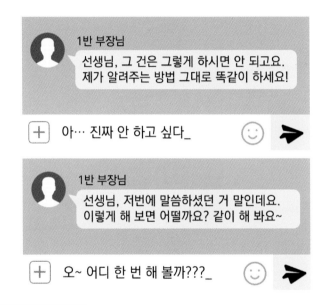

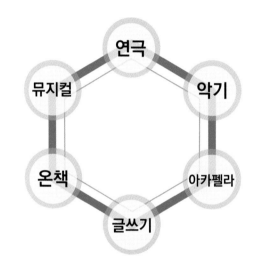

2. 지원하기

◉ '이렇게 해야 합니다'가 아니라 '함께 해봐요'라는 자세로 기대하고 격려하는 분위기를 보여준다.

◉ 관심사와 역량의 정도가 비슷한 교사들이 서로의 생각을 공유할 수 있는 자리를 마련한다. 이를 위해 교육철학, 교육관 등에 대해 일상적으로 이야기 나눌 수 있는 학교 문화가 정착되어야 한다.

3. 운영적 관심

학교교육과정의 효율적인 수행방법에 관심이 있다.
효율성, 조직화, 관리 방안, 시간 계획 등에 높은 관심이 있다.

3. 지원하기

⊙ 운영을 하면서 생길 수 있는 문제점과 해결책을 함께 제시해 준다.

⊙ 실천의 우선순위를 정한다. 그리고 그것을 실행할 수 있는 시간을 확보해 준다.

4. 결과적 관심

학교교육과정이 학생에게 미치는 영향에 관심이 있다.

4. 지원하기

◉ 학생들의 변화를 관찰하고 확인할 수 있는 방안이 무엇인지 찾아본다. 수업은 혼자 하는 게 아니라는 발상의 전환으로 일상적 수업 나눔을 실천할 수 있는 협의회를 학교 차원에서 공식화하여 실행한다.

◉ 교사 개개인이 가진 독특한 교육적 심미안을 나누는 시간을 가진다. 나는 찾지 못한 우리 반 학생의 장점을 다른 반 선생님이 발견해 주는 기회가 될 수 있다. 이러한 생각의 공유는 학생, 교사 모두의 효능감을 높일 수 있다.

5. 협동적 관심

학교교육과정 실행을 위해 동료 교사와 협력할 수 있는 방안에 집중한다.

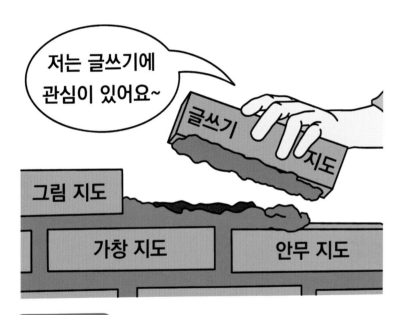

5. 지원하기

● 주변에는 다양한 분야에 관심을 가진 교사들이 많다. 그들이 역량을 발휘할 수 있는 장을 마련해 준다.

● 관심이 없는 사람에게 강요하는 것은 역효과가 일어날 수 있으므로 주의해야 한다.

6. 강화적 관심

학교교육과정 실행을 위해 더 좋은 방법을 탐구하거나 수정, 더 나은 교육과정으로의 대체에 주목한다.

6. 지원하기

◉ 무에서 유가 아니라 기존에 해 오던 것을 변화시키며 혁신할 수 있다. 작은 변화가 큰 변화를 이끌어낸다는 것을 기억하고 시도해 본다.

◉ 지원하고자 하는 사람은 구성원이 원하는 것이 무엇인지 파악하여 그에 걸맞은 지원방안을 모색한다.

  브레인라이팅 기법은 제한된 시간 안에 정해진 개수의 문제 해결방안을 탐색하는 확산적 사고 기법이다. 구성원이 각자 주제에 대한 다양한 의견을 제시하기 때문에 다채로운 문제 해결방법이 나올 수 있다. 구성원은 제안된 여러 방안과 학교의 상황을 고려하여 해결방법을 찾아간다.

 브레인라이팅

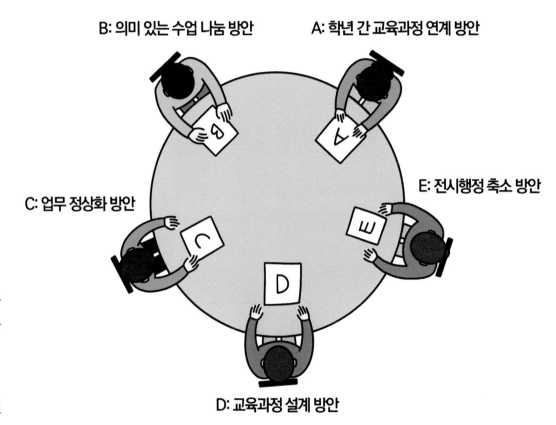

B: 의미 있는 수업 나눔 방안

A: 학년 간 교육과정 연계 방안

E: 전시행정 축소 방안

C: 업무 정상화 방안

D: 교육과정 설계 방안

1. 전체를 5~6인의 모둠으로 구성한다.
2. 성찰협의회에서 발견된 문제 상황 중 해결해야 할 주제를 모둠 인원수에 맞게 선정한다.

TIPS 한 모둠이 5인인 경우 주제 5개 선정

3. 모둠 인원만큼 활동지를 준비하고 선정한 주제를 활동지 상단에 작성한 후 나눠 갖는다.

주제 : 학년간 교육과정 연계 방안

라운드	해결방안 A	해결방안 B	해결방안 C
1			
2			
3			
4			
5			
6			

4. 한 라운드의 시간을 3분으로 정하고 라운드마다 해결방안 A, B, C를 모두 작성한다.

5. 매 라운드가 끝나면 옆 사람에게 활동지를 전달한다.

6. 모둠 참가자 전원이 모든 주제에 대한 해결방안을 작성할 때까지 진행한다.

⚠ 앞 라운드에 나온 해결방안은 다시 적지 않는다.

🅣TIPS 여러 해결방안을 조합해서 새로운 해결방안으로 작성하는 것도 가능하다.

주제 : 학년 간 교육과정 연계 방안

라운드	해결방안 A	해결방안 B	해결방안 C
1	학교 전체 교육목표 공유	학년 간 미션 공유	교육과정의 체계성 확립
2	학년에서 성장시켜야 할 역량을 확인	역량에 대한 구체적 아이디어 나눔(★★★)	활동 결과 공유 · 학년 간 교류
3	2월에 전체 교원 상대로 학교 비전 공유(★★)	학교 비전에 따른 학년 간 미션 설정	학년 말 교육과정 결과 공유
4	학교 비전 공유	학년 교육과정 이해도 높이기	학년 간 토론의 장 마련
5	학년부장 워크숍	학년 행사 후 결과 보고 (간단하게 월별로 보고) (★★★)	지원팀과 학년의 연결성 추구
6	자매학급 또는 학년 만들어 공동체 의식 기르기	학생 자치회 중심으로 학년 간 연계 만들기	익명이 보장된 설문조사

7. 구성원 각자가 생각하는 실현가능성이 있는 해결방안에 ★표시를 한다. (주제 당 각 1회)

8. 가장 많은 별을 받은 해결방안을 선택한다.

학교교육과정에서 힘 얻기

구성원은 학교교육과정에서 원하는 결과를 얻거나 기여함으로써 의미를 발견하기도 하고 실행과정 자체에서 힘을 얻기도 한다. 이는 구성원 개인이 홀로 만든 것이 아니라 함께하는 동료와 학교 시스템 속에서 상호 영향을 주고받으며 생성된 것이다. 각 구성원은 자신과 공동체가 얻게 된 동력이 어떤 구조와 역량으로부터 만들어진 것인지를 발견해야 한다. 이를 강화하고 순환시키는 것은 학교교육과정에 힘을 불어넣는 동시에 살아있는 학교교육과정을 계속 이어나가는 길이 된다.

학교교육과정에서 경험한 의미 있는 변화는 무엇이었습니까?

그 변화는 어떻게 가능했습니까?

그 변화를 어떻게 이어갈 수 있을까요?

변화를 이어가는 것은 학교교육과정을 지속하는 힘이다.

학교교육과정을
지속하는 힘은
어떻게 만들 수 있을까?

A1

프로세스를 확장하라

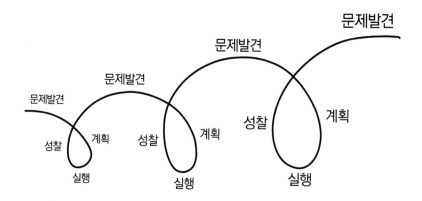

    학교교육과정은 한 학기 또는 일 년 살이가 아니다. 문제를
발견하고 계획하여 실행하고 성찰하는 일련의 과정을 계속적
으로 점검하고 개선해 나가는 노력이 필요하다. 이러한 노력으
로 구축된 프로세스는 한자리에 머물러 있지 않고 점점 더 큰
원을 그리며 순환하고 확장해 나간다.

토대를 다지다

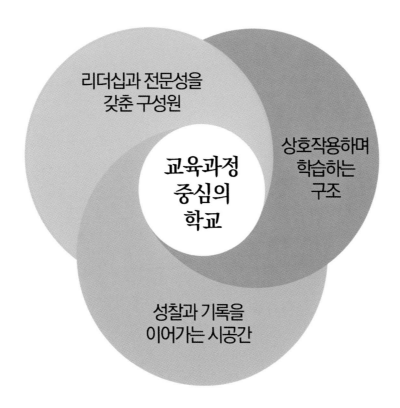

리더십과 전문성을
갖춘 구성원

상호작용하며
학습하는
구조

교육과정
중심의
학교

성찰과 기록을
이어가는 시공간

　학교교육과정을 지속하기 위해서는 교육과정 중심의 시스템으로 학교를 재구조화하는 노력이 필요하다. 이러한 노력에는 리더십과 전문성을 키우는 구성원, 공동체가 상호작용하며 적극적으로 학습할 수 있는 구조, 이러한 과정을 돌아보며 기록하고 아카이빙할 수 있는 시공간 등이 있다.

"해보자."

지금까지 우리가 단순한 답습이나 관성으로 학교교육과정을 실행해온 것은 아닌지 돌아본다. 이 워크북을 길잡이 삼아 교실을 넘어 학교교육과정을 시도하는 이들에게 이 책이 건네는 한 마디는 '해보자!'이다.

학교에는 다양한 구성원이 모여 있고 학교가 처한 상황과 환경 또한 모두 다르다. 이에 학교는 고유한 조건을 고려하여 매순간 의사결정과 실행을 해야 한다. 학교교육과정은 주어진 방식을 따르거나 하던 대로 하는 것이 아닌 학교를 이루고 있는 구성원에서 출발해 함께 만들어가야 하는 것이다.

그렇다면 학교교육과정에서 무엇을 해볼 것인가? 구성원에서 출발한다는 것은 구성원이 지금 딛고 있는 학교의 현실을 마주하고 새로운 길을 열어가는 것을 의미한다. 이때 학교는 교육과정이 중심이 될 수 있도록 지원하는 시스템을 갖춘다. 구성원이 교육과정에서 의미와 가치를 발견하고 이를 이어가는 구조를 만들면 교육과정은 맥락을 갖고 구성원과 학교만의 이야기를 펼쳐나갈 수 있다.

그동안 우리는 교실에서 각자의 어려움을 혼자 끌어안고 있거나 만족과 성취를 느껴도 이를 함께 나누지 못했다. 학교교육과정은 교실에만 머물고 있는 구성원을 연구실로, 다모임으로, 더 나아가 지역과 삶으로 초대한다. 씨실과 날실로 짠 옷감이 서로 연결되듯 학교교육과정 또한 함께 만들어갈 때 의미가 있다. 그래서 이 책은 함께 해보자고 제안한다.

저자
약력

강민진(인천남동초등학교 교사)

동료와 함께하는 교육과정 안에서 학생과 교사의 삶이 달라짐을 느꼈습니다. 더 많은 선생님들과 나누며 함께 나아가고 싶습니다.

권루미(인천송천초등학교 교사)

교육과정을 통해 교실과 학교를 변화시킬 수 있는 힘에 대해 깨닫기 시작했고 그 힘은 함께 할 때 더 커진다는 것도 알게 되었습니다. 동료와 함께 길을 만들어가는 교사가 되고자 노력하고 있습니다.

안장수(인천남동초등학교 교사)

학교교육과정 안에서 우리들의 이야기를 써 나가는 교사입니다. 교육과정이 가진 즐거움을 느끼며 하루하루 살아갑니다.

이지혜(인천동수초등학교 교사)

학교에서 동료들과 교육과정을 함께 하길 꿈꾸고, 그 꿈을 이루려 노력하고 있는 교사입니다.

조회련(인천새말초등학교 교사)

"왜?"라는 질문에서 시작해 "어떻게"로 나아가고 있는 교사입니다. 학교교육과정에 답이 있다 믿고 실천하려 노력합니다.

진인(인천은봉초등학교 교사)

삶과 맞닿아 있는 교실을 꿈꾸는 교사입니다. 다양한 사람들이 모여 함께 만들어가는 교육과정의 힘을 믿습니다.

학교교육과정을 플레이하다

초판발행　　　　2022년 6월 30일

지은이　　　　　강민진 · 권루미 · 안장수 · 이지혜 · 조회련 · 진인
펴낸이　　　　　노　　현

편　집　　　　　김다혜
표지디자인　　　Ben Story
제　작　　　　　고철민 · 조영환

펴낸곳　　　　　㈜피와이메이트
　　　　　　　　서울특별시 금천구 가산디지털2로 53, 한라시그마밸리 210호(가산동)
　　　　　　　　등록 2014. 2. 12. 제2018-000080호
전　화　　　　　02)733-6771
ｆａｘ　　　　　 02)736-4818
e-mail　　　　　pys@pybook.co.kr
homepage　　　 www.pybook.co.kr
ISBN　　　　　 979-11-6519-282-2　93370

정　가　　　　　19,000원

박영스토리는 박영사와 함께하는 브랜드입니다.